Kleine-Gunk

Die Gebärmutter: Gezielte Hilfe bei Erkrankungen

Dr. med. Bernd Kleine-Gunk

Die Gebärmutter: Gezielte Hilfe bei Erkrankungen

- Wie der Arzt untersucht und behandelt
- Was Sie bei schmerzhafter Regelblutung und Senkungsbeschwerden auch selbst tun können
- Alles über die Totaloperation: Notwendigkeit, Folgen, Alternativen

TRIAS

Anschrift des Autors:
Dr. med. Bernd Kleine-Gunk
Euro-Med-Clinic
Europa-Allee 1
90763 Fürth

Umschlaggestaltung:
Cyclus · D+P Loenicker, Stuttgart

Textzeichnungen:
Friedrich Hartmann, Nagold

Lektorat:
Uta Spieldiener

Die Deutsche Bibliothek –
CIP Einheitsaufnahme
Kleine-Gunk, Bernd:
Die Gebärmutter: gezielte Hilfe bei Erkrankungen ; wie der Arzt untersucht und behandelt ; was Sie bei schmerzhafter Regelblutung und Senkungsbeschwerden auch selbst tun können ; alles über die Totaloperation: Notwendigkeit, Folgen, Alternativen / Bernd Kleine-Gunk. [Textzeichn.: Friedrich Hartmann]. – Stuttgart: TRIAS, 1997

Wichtiger Hinweis:
Wie jede Wissenschaft ist die Medizin ständigen Entwicklungen unterworfen. Forschung und klinische Erfahrung erweitern unsere Erkenntnisse, insbesondere was Behandlung und medikamentöse Therapie anbelangt. Soweit in diesem Werk eine Dosierung oder eine Applikation erwähnt wird, darf der Leser zwar darauf vertrauen, daß Autoren, Herausgeber und Verlag große Sorgfalt darauf verwandt haben, daß diese Angabe **dem Wissensstand bei Fertigstellung des Werkes** entspricht.
Für Angaben über Dosierungsanweisungen und Applikationsformen kann vom Verlag jedoch keine Gewähr übernommen werden. **Jeder Benutzer ist angehalten,** durch sorgfältige Prüfung der Beipackzettel der verwendeten Präparate und gegebenenfalls nach Konsultation eines Spezialisten festzustellen, ob die dort gegebene Empfehlung für Dosierungen oder die Beachtung von Kontraindikationen gegenüber der Angabe in diesem Buch abweicht. Eine solche Prüfung ist besonders wichtig bei selten verwendeten Präparaten oder solchen, die neu auf den Markt gebracht worden sind. **Jede Dosierung oder Applikation erfolgt auf eigene Gefahr des Benutzers.** Autoren und Verlag appellieren an jeden Benutzer, ihm etwa auffallende Ungenauigkeiten dem Verlag mitzuteilen.

Gedruckt auf chlorfrei gebleichtem Papier

Rüdigerstraße 14, D-70469 Stuttgart
Printed in Germany
Satz: Fotosatz H. Buck, Kumhausen
Druck: Gutmann, Talheim

ISBN 3-89373-400-7 1 2 3 4 5 6

Zu diesem Buch

Kein Organ des weiblichen Körpers ist derart bestimmend für den Lebensrhythmus einer Frau, keines definiert ihre unterschiedlichen Lebensabschnitte so nachhaltig wie die Gebärmutter. Das Einsetzen der ersten Regelblutung, die Menarche, kennzeichnet den Eintritt der Geschlechtsreife und damit den Beginn mehrerer Jahrzehnte von »fruchtbaren Jahren«. Diese werden bestimmt durch die monatlich sich wiederholenden Abläufe des weiblichen Zyklus. Sichtbarer Ausdruck dieser periodischen Abläufe ist die Menstruationsblutung. Wie eine »innere Uhr« wirkt sie prägend auf den Lebensrhythmus der Frau und setzt die Eckdaten eines spezifisch weiblichen »biologischen Kalenders«. Ihr Ausbleiben kann das erste Anzeichen für eine weitere tiefgreifende Lebensumstellung sein: eine Schwangerschaft. Durch ihre enorme Größenzunahme und ihre vielfältigen Funktionen während der Schwangerschaft und bei der Geburt tritt die Gebärmutter während dieser Zeit in ganz besonderer Weise ins Bewußtsein der Frau. Auch am Beginn der letzten biologischen Lebensphase der Frau steht eine Veränderung der Gebärmutterfunktion: Das allmähliche Versiegen und schließlich endgültige Ausbleiben der Regelblutung markiert den »Wechsel« von der fruchtbaren Phase ins Klimakterium.

Wenn es auch zumeist andere Organsysteme wie die Eierstöcke oder bestimmte Hirnzentren sind, die die zyklischen Abläufe und biologischen Veränderungen bestimmen, so ist es doch die Gebärmutter, an der sie sich abspielen. Sie vermittelt so über Jahre hinweg prägende Erfahrungen hinsichtlich Weiblichkeit, Sexualität und Fruchtbarkeit.

Leider scheint die Gebärmutter auch ein besonders »störanfälliges« Organ zu sein. Übermäßig starke oder ausgesprochen schmerzhafte Blutungen machen vielen Frauen Monat für Monat ihre »Tage« zur Qual. Ausbleibende Menstruationen oder Zwischenblutungen geben häufig Anlaß zur Besorgnis und ziehen aufwendige Untersuchungen nach sich. Gutartige Muskelgeschwülste der Gebärmutter, sogenannte Myome, befallen jede vierte Frau jenseits des dreißigsten Lebensjahres. In der Liste der häufigsten Krebserkrankungen von Frauen steht der Gebärmutterkrebs (Gebärmutterhalskrebs und Gebärmutterkörperkrebs zusammengenommen) an zweiter Stelle hinter dem Brustkrebs. Schließlich können vor allem bei älteren Frauen Senkungszustände der Gebärmutter zu Beschwerden führen, die häufig auch die Harnblase und den Enddarm mit einbeziehen.

Entsprechend sehen die Operationsstatistiken aus. Etwa 150 000 Totaloperationen werden jährlich in der Bundesrepublik durchgeführt. Jeder dritten deutschen Frau wird die Gebärmutter entfernt. Zählt man kleinere Eingriffe wie Ausschabungen und Gewebeentnahmen am Muttermund hinzu, so unterzieht sich jede zweite Frau im Laufe ihres Lebens irgendwann einmal einer Gebärmutteroperation.

Doch sind all diese Operationen wirklich erforderlich? In den letzten Jahren mehren sich Zweifel. So werden von den 150 000 jährlichen Gebärmutterentfernungen in Deutschland nur etwa 10 % aufgrund bösartiger Erkrankungen durchgeführt. In allen anderen Fällen sind Myome, Blutungsstörungen oder auch unklare Unterbauchbeschwerden der Operationsgrund. Erkrankungen also, die sich eventuell auch konservativ behandeln oder zumindest gebärmuttererhaltend operieren ließen.

Der Streit über dieses Thema ist inzwischen in voller Schärfe entbrannt. Und er ist bei einem solch emotional besetzten Organ wie der Gebärmutter naturgemäß nicht ohne ideologische Untertöne.

Zwei Extrempositionen stehen sich gegenüber. Einem gewissen Teil schulmedizinisch geprägter Gynäkologen gilt die Gebärmutter noch immer als ein muskulöses Hohlorgan, dessen einzige Aufgabe das Austragen von Kindern ist. Nach abgeschlossener Familienplanung ist sie demnach ungefähr so überflüssig wie ein Blinddarm. Nimmt man noch die lästigen Blutungen, die Möglichkeit einer ungewollten Schwangerschaft und das Krebsrisiko hinzu, so sollte nach Meinung dieser Fraktion die Indikation zur Entfernung der Gebärmutter möglichst großzügig gestellt werden.

Auf der anderen Seite gibt es eine Gruppe radikal-feministischer Kritikerinnen, für die die Gebärmutter ein nahezu unverzichtbarer Bestandteil der Weiblichkeit ist. Außer bei Krebserkrankungen lassen sie so gut wie keine Indikation zur Gebärmutteroperation gelten. In allen übrigen Fällen wird ihrer Ansicht nach durch eine männlich geprägte Gynäkologenmafia den Frauen die Gebärmutter lediglich »abgeschwatzt«, um die Krankenhausbetten, OP-Kataloge und Geldbeutel der Operateure zu füllen. Denjenigen Frauen, die von sich aus wegen unterschiedlichster Beschwerden eine Gebärmutteroperation erwägen, werden folgerichtig schwerwiegende psychische Störungen bis hin zum »Selbsthaß« und zum »Wunsch nach Selbstverstümmelung« unterstellt.

Erfreulicherweise gibt es auch differenziertere Töne. Viele Gynäkologen, die sich durchaus der Schulmedizin zurechnen, haben inzwischen erkannt, daß die Rolle der Gebärmutter im weiblichen Organismus wohl doch über die eines reinen »Babybrutschrankes« hinausgeht. Sie akzeptieren, daß es sich um ein erhaltenswertes Organ handelt, das nicht aus leichtfertigen Gründen entfernt werden sollte. Und mehr und mehr setzt sich die Überzeugung durch, daß die Totaloperation, die vollständige Entfernung von Gebärmutterkörper und -hals, in vielen Fällen eine Übertherapie darstellt, die durch schonendere Operationsverfahren ersetzt werden sollte.

Der medizinisch-technische Fortschritt der letzten Jahre mit seinem Trend zu minimal-invasiven, also weniger eingreifenden Techniken, hat diese Entwicklung begünstigt. Auch in vielen Fällen, in denen eine Gebärmutteroperation unvermeidbar ist, bedeutet dies heute nicht mehr zwangsläufig den Verlust des gesamten Organes. Eine Vielzahl neuer Verfahren zur Behandlung von Myomen und Blutungsstörungen hat die Therapie von Gebärmuttererkrankungen differenzierter gemacht. Betroffene Patientinnen, die mit der Problematik einer eventuellen Gebärmutteroperation konfrontiert sind, sollten über diese unterschiedlichen Verfahren informiert sein. Denn außer bei Krebserkrankungen, bei denen in der Tat keine Zeit verlorengehen sollte, ist eine Gebärmutteroperation fast niemals ein echter Notfall. In nahezu allen Fällen besteht genügend Zeit, sich zu informieren, eine zweite Meinung einzuholen und Alternativen zu überdenken. Die endgültige Entscheidung für oder gegen eine Operation liegt dann immer bei der Patientin. Um diese Entscheidung verantwortungsvoll treffen zu können, ist jedoch ein Mindestmaß an Wissen und eine gewisse Kenntnis der zur Verfügung stehenden Therapiemöglichkeiten erforderlich. Dies zu vermitteln ist Anliegen des vorliegenden Ratgebers.

Sitz der Hysterie, Babybrutschrank oder eigenständiges Wesen?

Wenn Mediziner Ausflüge in die Geschichte ihres Faches unternehmen, so beginnen sie ihre Ausführungen gerne bei Hippokrates. Das ist beim Thema Gebärmutter nicht anders. Der griechische Urvater aller Ärzte war es nämlich, der den Begriff »hystera« für das weibliche Fortpflanzungsorgan prägte. Gleichzeitig beschrieb er einen speziellen Erregungszustand, der seiner Meinung nach nur Frauen befiel und den er daher konsequenterweise auch diesem spezifisch weiblichen Organ zuordnete: die Hysterie.

Platos Sicht der Dinge...

Die Hysterie war nach Hippokrates Folge eines »Umherwanderns« der Gebärmutter im Körper der Frau. Eine recht genaue Beschreibung dieser Theorie gibt der griechische Philosoph Plato Mitte des 4.Jahrhunderts v. Chr. in seinem Werk »Timaios«. Er beschreibt die Gebärmutter als ein »Lebewesen mit der innewohnenden Begierde nach dem Gebären eines Kindes« und fährt fort: »Wenn nun in der Blüte ihres Lebens lange Zeit vergeht, ohne daß sie eine Frucht bringen, so führt dies zu einem Zustand schwer zu ertragender Unzufriedenheit, sie (die Gebärmutter) zieht überall im ganzen Körper umher, versperrt die Durchgänge der Luft und läßt keine Luft aufnehmen. Dieser Zustand führt die Weiber in die äußerste Ausweglosigkeit und bereitet ihnen mannigfache andere Krankheiten.« Wenn wir inzwischen auch das Herumwandern der Gebärmutter nicht mehr so recht nachvollziehen können, so bleibt doch festzuhalten, daß Platos 2500 Jahre zurückliegender Bericht offenbar eine sehr anschauliche Beschreibung eines psychosomatisch bedingten Asthmaanfalls liefert.

Doch nicht nur Kinderlosigkeit war nach Ansicht der alten Griechen verantwortlich für die unangenehmen Streifzüge der Gebärmutter. Mangel an Feuchtigkeit hatte ebenfalls verhängnisvolle Auswirkungen. Er ließ die Gebärmutter austrocknen, was zu unregelmäßigen oder gar ausbleibenden Blutungen führte und das ruhelose Organ zu erneutem Umherwandern trieb. Griechische Ärzte empfahlen bei Menstruationsstörungen und hysterischen Anfällen daher vorzugsweise regelmäßigen Geschlechtsverkehr. Verglichen mit manch rabiaten Therapien späterer Ärztegenerationen war dies sicherlich nicht der schlechteste Behandlungsansatz.

Die Vorstellung, daß es sich bei der Gebärmutter um ein eigenständiges Wesen mit einem gewissen Eigenleben handelt, findet sich im übrigen nicht nur im klassischen Griechenland. Entsprechende Geschichten gibt es auch im europäischen Volksglauben des Mittelalters bis in die frühe Neuzeit. In der Vorstellungswelt vieler afrikanischer und ozeanischer Völker hat die Gebärmutter sogar die Fähigkeit, sich in ein Tier (z.B. eine Eidechse) zu verwandeln und den Körper ganz zu verlassen.

...und neuere Denkansätze

Die Theorie einer nahezu autonomen Existenz der Gebärmutter findet sich schließlich auch in der neueren feministischen Literatur wieder. So schreibt die Gynäkologin Dr. Barbara Ehret-Wagner in ihrem Buch »Gebärmutter – das überflüssige Organ?«: »Auch sie (die Gebärmutter) kann lachen und weinen, kann auf Streß reagieren, langfristig trauern oder einfach nur Zufriedenheit signalisieren. Ihre Ausdrucksmittel sind jede Form von Blutungen, mit denen sie meisterliche Regulationsarbeit leistet, von der kleinen Schmierblutung bis hin zum Donnerwetter einer Sturzblutung, von der Dauerblutung, die wie ein Nieselregen ist, bis zum Einsparen der Blutung, wenn Sparmaßnahmen des Organismus angesagt sind.«

Nun wird es allen metaphorischen Bemühungen zum Trotz viele Frauen geben, die ihre Blutungsstörungen einfach nur als lästig erleben. Das Anliegen jedoch, in der Gebärmutter mehr zu sehen als ein von Schleimhaut ausgekleidetes muskuläres Hohlorgan, ist berechtigt. Bei der Erörterung einer eventuellen Gebärmutteroperation sollte daher auch die persönliche Empfindung der Patientin diesem Organ gegenüber – und sei sie noch so subjektiv – mitberücksichtigt werden.

Natürlich gab es in der Medizingeschichte auch immer eine andere, rein funktionalistische Betrachtungsweise. So sah etwa Aristoteles, der beherrschende Philosoph des Altertums, in der Gebärmutter nichts weiter als einen Brutschrank. Sie sei lediglich das Gefäß, das den Samen des Mannes aufnehme und in dem dann das Kind heranreife. Dieses wiederum sei bereits vollständig im männlichen Samen angelegt.

Folglich war für den griechischen Universalgelehrten, der von Frauen nie eine sonderlich hohe Meinung hatte, die Mutter mit ihrem Kind auch nicht blutsverwandt – eine Vorstellung, die sich lange hielt. Die römischen Ärzte schafften es schließlich sogar, für das weiblichste aller Geschlechtsorgane ein grammatikalisch männliches Wort einzubürgern: *Der* Uterus ist noch immer der medizinisch gängige Fachbegriff für *die* Gebärmutter.

Das Interesse an der Gebärmutter trug jahrhundertelang eher philosophisch-spekulative Züge. Paracelsus (1493–1541), der große Arzt des ausgehenden Mittelalters, sah in ihr etwa »den kleinsten Mikrokosmos«, in dem sich das Leben manifestiere, und setzte diesen in Kontrast zum Makrokosmos der »großen Mutter Erde«.

Ein systematisches Erforschen des menschlichen Körpers, das auch anatomische Studien einschloß, begann erst mit der Renaissance. Die ersten zeichnerischen Darstellungen der Gebärmutter stammen interessanterweise von Leonardo da Vinci (1452–1519), der in seinem allumfassenden Wissensdrang selbst Sektionen durchführte und Abbildungen für ein Hebammenlehrbuch anfertigte. Seine Zeichnungen eines schwangeren Uterus beeindrucken noch heute durch ihre großartige Verbindung von anatomischer Genauigkeit und künstlerischer Ausführung.

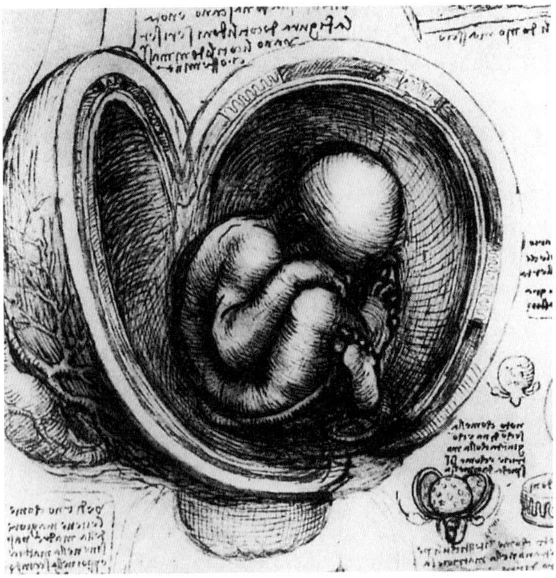

Abb. 1: Uterus mit Fötus. Zeichnung von Leonardo da Vinci.

Mit der zweiten Hälfte des 19. Jahrhunderts beginnt in der Medizin das »Jahrhundert der Chirurgen«. Auch die operative Gynäkologie macht rasante Fortschritte. Zwei grundlegende Entdeckungen haben diese Entwicklung möglich gemacht. Durch die Entwicklung der Anästhesie, also der Narkose, ist es erstmals möglich, auch größere Operationen nahezu schmerzfrei durchzuführen. Darüber hinaus setzt sich die Erkenntnis durch, daß durch ein keimfreies Operieren (Asepsis) die gefürchteten und oftmals tödlich verlaufenden Infektionen nach chirurgischen Eingriffen vermieden werden können.

Gleichzeitig läßt sich jedoch ein Phänomen beobachten, das auch in anderen Wissenschaftsbereichen immer wieder anzutreffen ist: Die technologische Entwicklung macht enorme Fortschritte, das Denken jedoch bleibt in alten Vorurteilen verhaftet. In der Frauenheilkunde führte dies zu einigen wenig rühmlichen Kapiteln. Die altertümliche Vorstellung von der Gebärmutter als dem Sitz der Hysterie spukte nämlich auch am Ende des 19. Jahrhunderts noch in den Köpfen vieler, angeblich naturwissenschaftlich gebildeter Gynäkologen. Die Hysterektomie, die operative Entfernung der Gebärmutter, wurde nun eingesetzt zur Behandlung von »Melancholie, Liederlichkeit oder manischen Erregungen«.

Am Ende des 20. Jahrhunderts wird kein Frauenarzt mehr solche »Leiden« durch eine Hysterektomie beseitigen wollen. Dennoch gibt es Kritiker, die behaupten, auch die moderne Gynäkologie beschäftige sich im wesentlichen damit, fragwürdige Krankheitsbilder durch unsinnige Operationen zu therapieren. Dies mag man als überspitzt abtun. Dennoch ist es sinnvoll, sich zu vergegenwärtigen, daß jahrhundertealte Mythen, Glaubensvorstellungen und Vorurteile ärztliche Entscheidungen bis in die Neuzeit hinein beeinflußt haben – insbesondere wenn es um Erkrankungen der Gebärmutter geht.

Kurzer Ausflug in die Anatomie

Um die Veränderungen, die sich während des normalen Zyklus an der Gebärmutter abspielen, richtig verstehen und krankhafte Veränderungen des Organs richtig einordnen zu können, ist es notwendig, eine Vorstellung vom Aussehen, der Lage und der Funktion der weiblichen Geschlechtsorgane zu haben. Aus diesem Grunde soll im folgenden Kapitel zunächst ein wenig Grundlagenwissen vermittelt werden. Dabei läßt es sich nicht ganz vermeiden, das eine oder andere Fremdwort einzuführen und etwas »Medizinerlatein« zu betreiben. Doch keine Angst, allzu langweilig wird es nicht werden.

Man unterscheidet zunächst zwischen den äußeren und den inneren Geschlechtsorganen (Genitalien). Das äußere Genitale wird durch die Vulva mit den großen und kleinen Schamlippen, den Scheidenvorhof und die Klitoris (Kitzler) gebildet. Die inneren Geschlechtsorgane sind die Scheide, die Gebärmutter, die Eierstöcke und die Eileiter. Sie werden von dem schmalen, unteren Anteil des knöchernen Beckens geschützt, welches auch als »kleines Becken« bezeichnet wird.

Scheide

Die Scheide (Vagina) ist ein acht bis zehn Zentimeter langer, muskulös bindegewebiger Schlauch. Sie beginnt mit dem nach außen in die Vulva hineinreichenden Scheidenvorhof. Ihr oberes Ende, das sogenannte Scheidengewölbe, umfaßt einen Teil des Gebärmutterhalses mit dem Muttermund. Beim Verkehr nimmt die Scheide den Penis auf, der Samenerguß sammelt sich im hinteren Scheidengewölbe, von wo jetzt die Spermien über den Gebärmutterhals durch den Gebärmutterkörper in die Eileiter aufsteigen.

Unter der Geburt dehnt sich die Scheide und wird zu einem Teil des Geburtskanals. Während der Menstruation fließt durch sie das Blut aus der darüberliegenden Gebärmutter ab.

Gleichzeitig hat die Scheide jedoch auch eine Schutzfunktion für die höhergelegenen Genitalorgane. Eine bestimmte Art von Bakterien, die sogenannten Döderleinschen Stäbchen, siedeln in der Vagina und sind verantwortlich für das normale Scheidenmilieu. Die Döderleinschen Stäbchen haben die Fähigkeit, Zucker zu Milchsäure abzubauen. Die Milchsäure wiederum bewirkt den sauren pH-Wert der Scheide, der ei-

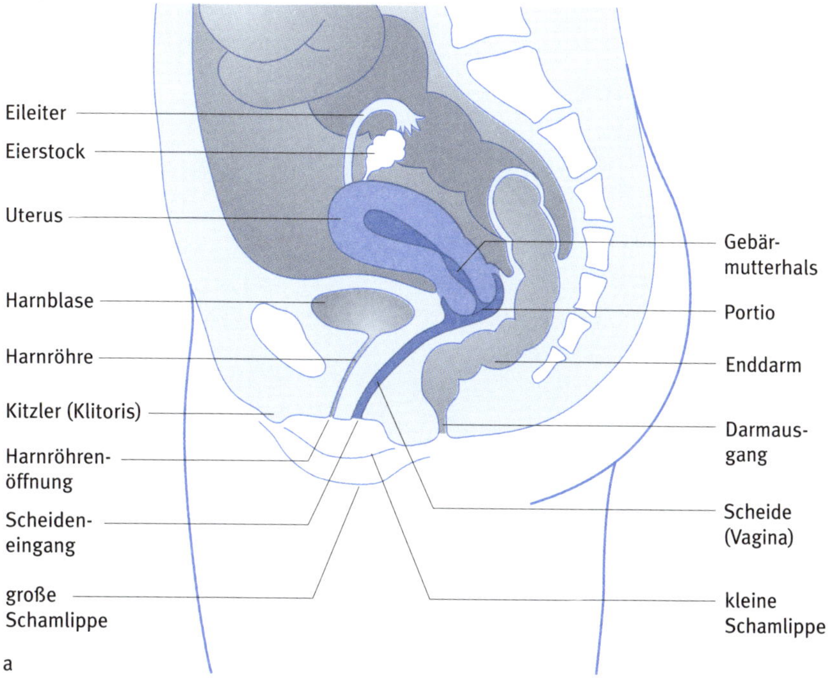

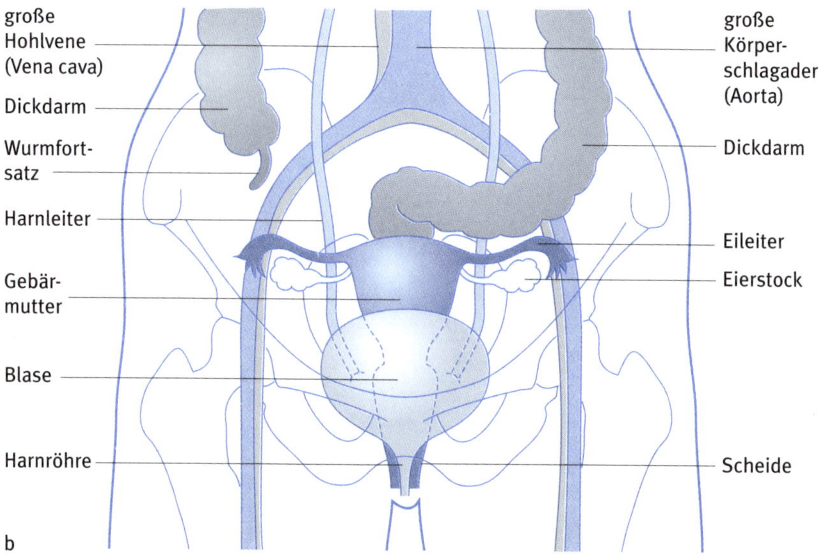

Abb. 2: Querschnitt durch den Unterleib.

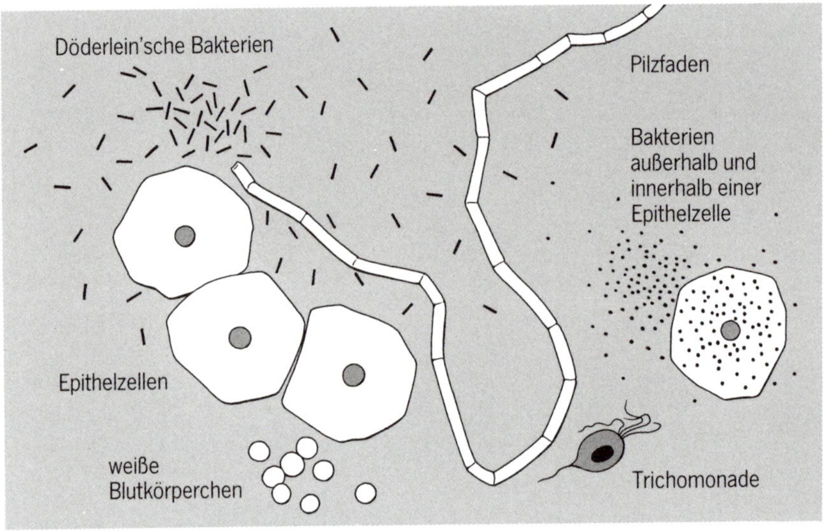

Abb. 3: Abstrich aus der Scheide.
Im Scheidenabstrich einer gesunden Frau lassen sich neben den Zellen der Scheidenhaut (Epithelzellen) die stäbchenförmigen Döderleinschen Bakterien erkennen. Bei entzündlichen Veränderungen können krankmachende Bakterien, Pilze oder Trichomonaden vorkommen. Die Anwesenheit weißer Blutkörperchen läßt als Ausdruck der verstärkten körpereigenen Abwehr auf eine schwere Entzündung schließen.

nen wichtigen Schutzfaktor gegen mögliche Infektionen durch Bakterien, Pilze oder Trichomonaden darstellt. Die Scheide ist also ein selbstreinigendes Organ. Besondere Spülungen sind nicht nur überflüssig, sie können vielmehr das normale Scheidenmilieu empfindlich stören und somit Entzündungen Vorschub leisten.

Gebärmutter

Die Gebärmutter (Uterus) selbst ähnelt in ihrem Aussehen einer umgedrehten Birne und wiegt kaum mehr als 80 Gramm. Nach Form und Funktion läßt sie sich in einen oberen Abschnitt, den Gebärmutterkörper (Corpus), und einen unteren Anteil, den Gebärmutterhals (Zervix), unterteilen. Der Gebärmutterhals ragt zum Teil in die Scheide hinein und schließt mit dem Muttermund (Portio) ab. Den Muttermund kann man tief in der Scheide tasten. Von dort entnimmt der Gynäkologe bei der Untersuchung den Krebsabstrich (siehe S. 33)

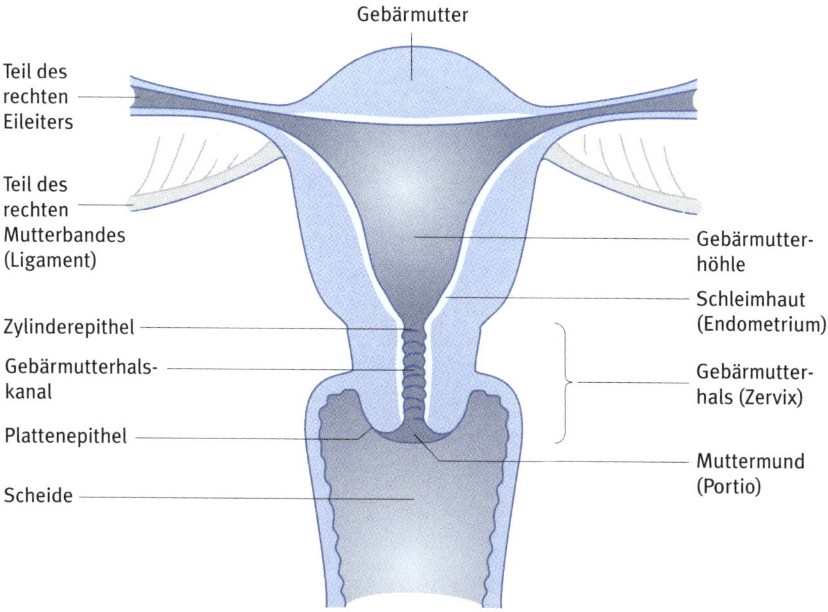

Abb. 4: Detailzeichnung des Uterus.

Zum größten Teil besteht die Gebärmutter aus Muskelgewebe. Dieses ist in einer besonderen Form angeordnet, um die enorme Größenausdehnung der Gebärmutter während der Schwangerschaft zu ermöglichen. In dieser Phase leistet die Gebärmutter nämlich ganz Erstaunliches. Normalerweise kaum größer als ein Gänseei, vergrößert sie sich während der Schwangerschaft kontinuierlich bis zum Zwanzigfachen ihres Ausgangsvolumens.

Am Entbindungstermin läßt sich das sonst hinter dem Schambeinknochen verborgene Organ unter dem Rippenbogen tasten. Der Uterus ist dabei nicht nur »Brutkasten« für das heranreifende Kind, sondern auch »Geburtsmotor«. Die Wehen, die schließlich zur Geburt des Kindes führen, sind nichts anderes als ein rhythmisches Zusammenziehen der Gebärmuttermuskulatur.

Die Muskulatur des Gebärmutterkörpers umschließt eine Höhle, in der während der Schwangerschaft das Kind heranreift. Diese Höhle ist von einer Schleimhaut (Endometrium) ausgekleidet, die monatlich neu aufgebaut wird. Kommt es nicht zu einer Schwangerschaft, so blutet diese Schleimhaut bei der Menstruation ab. Zum Bauchraum hin ist die Gebärmutter von einem dünnen Häutchen überzogen, damit andere Organe des kleinen Beckens, wie zum Beispiel der Darm, problemlos an ihr entlanggleiten können.

Der Gebärmutterhals besteht hauptsächlich aus Bindegewebe und hat die Aufgabe, die Gebärmutter während der Schwangerschaft zur Scheide hin abzuschließen. Der sogenannte Gebärmutterhalskanal (Zervikalkanal) durchzieht den Gebärmutterhals vom äußeren Muttermund bis zur Gebärmutterhöhle (siehe Abb. 4). Die Stelle, an der er in die Gebärmutterhöhle eintritt, wird auch als innerer Muttermund bezeichnet. Drüsengewebe, das einen speziellen Schleim (Zervixschleim) absondert, kleidet den Gebärmutterhalskanal aus.

Der äußere Muttermund (Portio) ist schließlich jener Teil des Gebärmutterhalses, der in die Scheide hineinragt und die Gebärmutter nach unten hin begrenzt. Bei Frauen, die noch nicht geboren haben, stellt er sich als kleines Grübchen dar. Nach einer Entbindung nimmt er ein eher schlitzförmiges Aussehen an. Ein von den Drüsenzellen des Gebärmutterhalskanals abgesondertes Sekret wirkt wie eine Barriere gegen mögliche Infektionen. Der Zervixschleim verhindert im Normalfall aber auch das Aufsteigen der Spermien in die Gebärmutterhöhle. Nur während weniger Tage im Zyklus, um den Eisprung herum, verändert sich die Zusammensetzung des Schleims derart, daß die Spermien aufsteigen und eine Befruchtung herbeiführen können. Diese zyklischen Veränderungen des Zervikalschleims macht man sich bei einigen Methoden der natürlichen Familienplanung, etwa der Billings-Methode, zunutze.

Durch die sogenannten Mutterbänder, die Ligamente, ist die Gebärmutter im kleinen Becken befestigt. Sie ziehen nach hinten hin zum Kreuzbein, nach vorn in den Leistenkanal hinein und seitlich zur Beckenwand. In einigen dieser Mutterbänder verlaufen zusätzlich Gefäß- und Nervenbündel zur Gebärmutter. Die Bänder sind elastisch, so daß sie die enorme Größenzunahme des Uterus während der Schwangerschaft mitmachen können.

Eierstöcke

Seitlich von der Gebärmutter, an der rechten und linken Beckenwand, liegen die Eierstöcke (Ovarien). Sie sind etwa pflaumengroß und haben hauptsächlich zwei Funktionen. Zum einen reifen in ihnen die Eizellen heran, zum anderen produzieren sie die Geschlechtshormone der Frau, Östrogene und Gestagene, sowie auch winzige Mengen des männlichen Geschlechtshormons. Bereits beim neugeborenen Mädchen sind in jedem Eierstock rund 400 000 bis 500 000 ruhende Eizellen vorhanden, die auch als Primärfollikel bezeichnet werden. Nur einige hundert von ihnen reifen bis zum Eisprung heran.

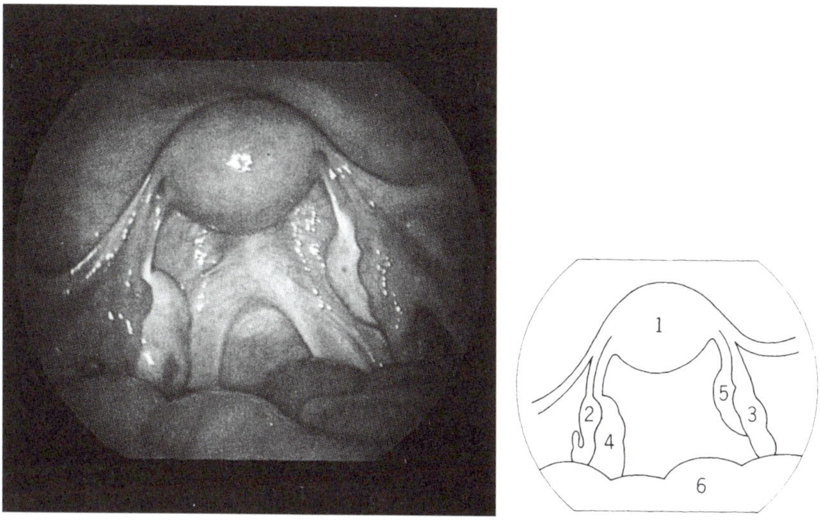

Abb. 5: Blick auf die inneren Organe durch ein vom Nabel aus eingeführtes Endoskop (1 Gebärmutter, 2 linker Eileiter, 3 rechter Eileiter, 4 linker Eierstock und 5 rechter Eierstock, 6 Anteile von Dünn- und Dickdarm).

Die Eileiter oder auch Tuben sind jene Strukturen, die die Eierstöcke mit der Gebärmutter verbinden. Mit einem fransenförmig ausgezogenen Auffangapparat, dem sogenannten Fimbrientrichter, liegen sie den Ovarien an, um beim Eisprung das befruchtungsfähige Ei aufzunehmen. Dann folgt ein etwa 10–12 cm langer Muskelschlauch, der schließlich seitlich oben in den Gebärmutterkörper einmündet. Die Wanderung der Eizellen durch die Eileiter dauert mehrere Tage, wobei die Eileiter diese Wanderung aktiv unterstützen und die Eizelle ernähren.

Beckenboden

In enger Nachbarschaft zur Gebärmutter liegen weitere Organe, und zwar nach vorn hin die Harnblase, nach hinten hin der Enddarm. Deren Ausführungsgänge, Harnröhre und After, münden direkt ober- und unterhalb der Scheide. Alle drei Ausführungsgänge sind eingebettet in eine mehrschichtige Muskel- und Bindegewebsplatte, den Beckenboden. Er hält den gesamten Druck der Eingeweide nach unten. Die einzelnen Muskeln sind dabei so angeordnet, daß sie drei Öffnungen für die Harnröhre, die Scheide und den After bilden. Diese Öffnungen sind jeweils durch Schließmuskeln verstärkt. Das zwischen Scheide und After gelegene Muskel- und Bindegewebe wird als Damm bezeichnet. Die enge Nachbarschaft von Gebärmutter, Blase und Damm beziehungsweise ihrer Ausführungsgänge erklärt, warum Erkrankungen und Veränderungen der Gebärmutter gelegentlich auch Auswirkungen auf die Nachbarorgane haben können.

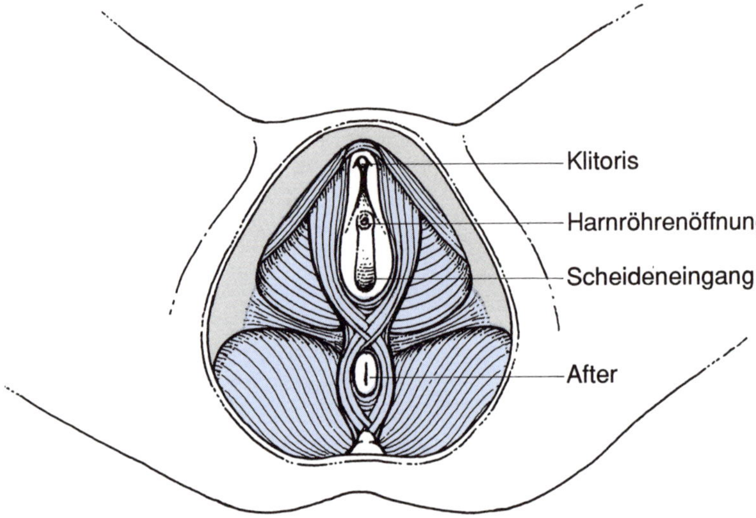

Abb. 6: Der Beckenboden (Gesamtansicht).

Der normale weibliche Zyklus

Im Gegensatz zum Mann unterliegen bei der geschlechtsreifen Frau die Funktionen der Geschlechtsorgane einem rhythmischen Wechsel. Auffälligstes Merkmal dieses Rhythmus ist die etwa alle vier Wochen auftretende Periodenblutung, die Menstruation. Periodische Veränderungen, die jede Frau an sich selbst wahrnehmen kann, sind jedoch auch der Anstieg der Körpertemperatur (die sogenannte Basaltemperatur) in der zweiten Zyklushälfte sowie Veränderungen in der Beschaffenheit und in der Menge des Zervixschleimes (Ausfluß). Die Kenntnis dieser natürlichen Körperzyklen und deren genaue Beobachtung kann sehr hilfreich sein, sowohl bei der Entstehung einer gewollten als auch bei der Vermeidung einer unerwünschten Schwangerschaft. Die Veränderungen im Zyklus sind in Abbildung 7 dargestellt.

Diese wahrnehmbaren periodischen Veränderungen sind jedoch ihrerseits nur der Ausdruck eines weiteren zyklischen Geschehens, das sich an den Eierstöcken abspielt, ohne daß wir es direkt wahrnehmen. Durch die Eierstöcke beziehungsweise durch die von ihnen gebildeten Hormone erfolgt die Regulierung des Monat für Monat sich wiederholenden Zyklus. Jeder Zyklus dient dabei nur einem einzigen Zweck: der Herbeiführung einer Schwangerschaft. Wir wollen uns das im folgenden ein wenig genauer ansehen.

Wie bereits erwähnt, kommt jedes neugeborene Mädchen mit Eierstöcken zur Welt, in denen bereits Hunderttausende von ruhenden Eizellen angelegt sind. Während der gesamten Kindheit bleiben die Eizellen in einer Ruhephase. Erst mit der Pubertät beginnt dann jener Zyklus, der sich anschließend über Jahrzehnte hinweg wiederholen wird. Alle vier Wochen reift eine der Eizellen, ein sogenannter Primärfollikel, über das Zwischenstadium des Sekundärfollikels zum sprungreifen oder Graafschen Follikel heran. Diese Follikel sind umgeben von einer Zellschicht, der eine wichtige Aufgabe zukommt: Sie produziert das Hormon Östrogen.

Unter dem Einfluß dieses Hormons baut sich in der Gebärmutterhöhle eine Schleimhaut auf, das sogenannte Endometrium. Diese Schleimhaut ist sozusagen der Boden, in dem sich – im Falle einer Befruchtung – die Eizelle einpflanzen kann.

Der Eisprung

Etwa am 14. Tag, also genau in der Mitte des Zyklus, kommt es dann zum Eisprung, der Ovulation. Das herangereifte Ei platzt förmlich aus dem Eierstock heraus und wird von dem Fimbrientrichter des Eileiters aufgefangen. Manche Frauen spüren den Eisprung als kurzen Unterleibsschmerz, der auch als Mittelschmerz bezeichnet wird, da das Geschehen genau in der Zyklusmitte stattfindet. Die Eizelle wandert nun durch die Tube zur Gebärmutterhöhle, eine Reise, die fünf bis sechs Tage beansprucht. Währenddessen verwandelt sich im Eierstock die Follikelhöhle, die die gesprungene Eizelle hinterlassen hat. Sie wird zum Gelbkörper. Dieser beginnt, ein neues, zusätzliches Hormon zu bilden, das Gelbkörperhormon Progesteron.

Aufgabe dieses Hormons ist es, die zuvor unter Östrogeneinfluß aufgebaute Gebärmutterschleimhaut durch Einlagerung von Nährstoffen und eine Verbesserung der Blutversorgung auf eine mögliche Einnistung der Eizelle vorzubereiten. Während also das Östrogen dafür sorgt, daß sich in der Gebärmutter der Boden bildet, in dem das zarte Pflänzchen Schwangerschaft Wurzeln schlagen kann, so ist das Progesteron dafür zuständig, diesen Boden so zu düngen, daß der Embryo anschließend auch wächst und gedeiht.

Kommt es allerdings, was ja zumeist der Fall ist, nicht zu einer Befruchtung der Eizelle, so war der ganze betriebene Aufwand umsonst. Der Gelbkörper im Eierstock geht zugrunde, das Hormon Progesteron wird nicht mehr weiter produziert, die in der Gebärmutterhöhle aufgebaute und entsprechend vorbereitete Schleimhaut wird abgestoßen – es kommt zur Menstruation. Schon reift jedoch im Eierstock eine weitere Eizelle heran. Das in ihrem Follikelbläschen gebildete Östrogen baut in der Gebärmutter eine neue Schleimhaut auf. Der nächste Zyklus beginnt.

Die hormonelle Steuerung des Zyklus

Wie Sie gelesen haben und in Abbildung 7 sehen werden, kann man den normalen Zyklus in zwei Hälften unterteilen, die jeweils durch ein unterschiedliches Hormon charakterisiert sind. Man spricht daher auch von einem biphasischen Zyklus. In der ersten Zyklusphase dominiert das Östrogen. Sie dauert vom ersten Tag der Periodenblutung bis zum Eisprung, der bei einem 28tägigen Zyklus am 14. Tag stattfindet. Zu diesem Zeitpunkt kann man auch die Veränderungen am Zervixschleim wahrnehmen. Die Schleimmenge nimmt zu, der Schleim selbst wird klar und dehnbar, um den Spermien das Durchwandern des Gebärmutterhalskanals zu erleichtern.

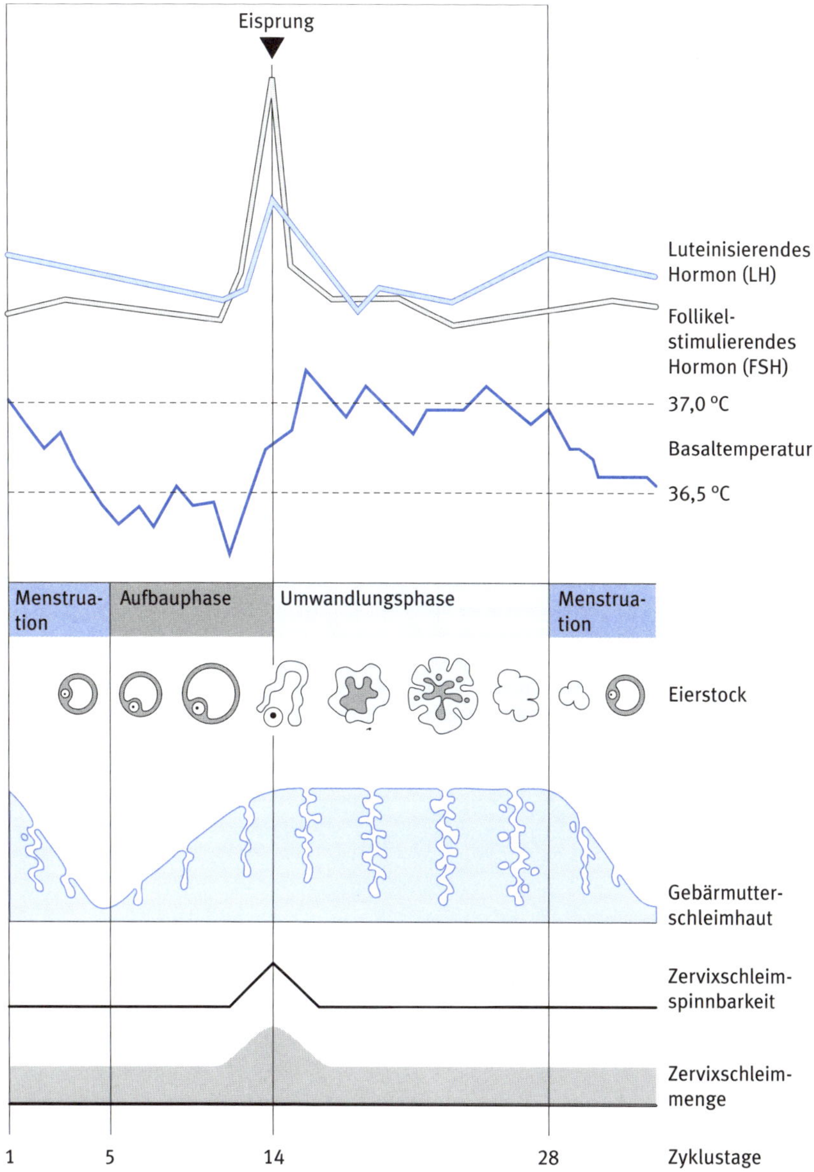

Abb. 7: Der Zyklusverlauf.

In der zweiten Zyklushälfte dominiert dann das vom Gelbkörper gebildete Progesteron. Sie setzt ein mit dem Eisprung und dauert bis zum Beginn der nächsten Periodenblutung. Das Progesteron hat einen sogenannten thermogenetischen Effekt, das heißt, es bewirkt eine leichte Erhöhung der Körpertemperatur, die im Mittel etwa 0,5° Celsius beträgt. Durch regelmäßiges Messen der frühmorgendlichen Körpertemperatur vor dem Aufstehen, der Basaltemperatur, läßt sich anhand des Temperaturanstieges recht genau der Zeitpunkt des Eisprungs bestimmen.

Zum vollen Verständnis der normalen Zyklusfunktion ist es noch wichtig zu wissen, daß all die Vorgänge und hormonellen Veränderungen, die wir soeben beschrieben haben, einer zentralen Regulation durch das Gehirn unterliegen. In der Hirnanhangsdrüse (Hypophyse), einem knapp kirschgroßen Gebilde an der Schädelbasis, werden das follikelstimulierende Hormon (FSH) und das luteinisierende Hormon (LH) gebildet. Beide steuern die Bildung von Östrogen und Progesteron in den Eierstöcken.

Wegen ihrer Wirkung auf die Geschlechtsdrüsen (Gonaden) werden diese Botenstoffe auch als Gonadotropine bezeichnet.

Die Hirnanhangsdrüse wiederum wird gesteuert von einem bestimmten Bereich im Zwischenhirn, dem Hypothalamus. Dieser Zwischenhirnbereich ist das eigentliche Sexualzentrum des Menschen. Er hat Verbindungen zu vielerlei anderen Bezirken des Großhirns. Als Teil des soge-

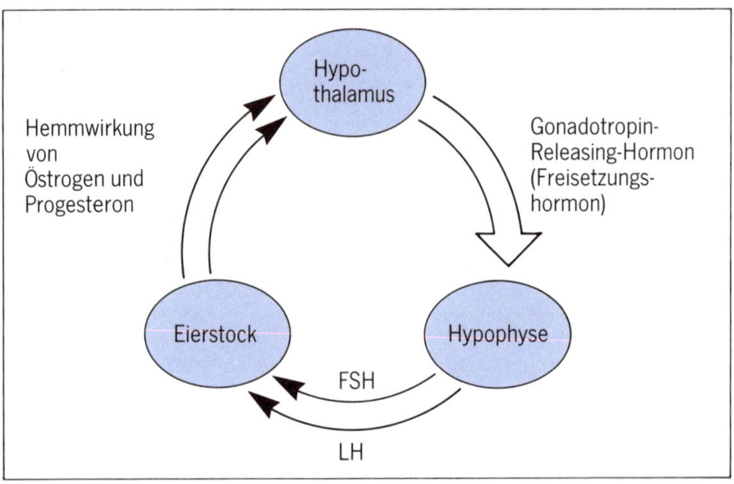

Abb. 8: Der hormonelle Regelkreis für die Bildung der weiblichen Geschlechtshormone.

nannten limbischen Systems ist es hauptsächlich mit der Verarbeitung von Außenreizen und den durch sie ausgelösten Gefühlen beschäftigt. Diese haben eine direkte Auswirkung auf die Hormonproduktion des Hypothalamus. So läßt sich erklären, daß außergewöhnliche Belastungen, sowohl körperlicher als auch seelischer Art, den Zyklus beeinträchtigen können. Die Folgen reichen von leichten Periodenunregelmäßigkeiten bis zum völligen Ausbleiben der Regelblutung (Amenorrhoe). Ein Beispiel für eine solche zentral bedingte Amenorrhoe ist etwa das Ausbleiben der Regel bei Mädchen mit Pubertätsmagersucht oder bei Frauen in extremen Streßsituationen.

Der Hypothalamus wiederum aktiviert über das Freisetzungshormon Gonadotropin-Releasing-Hormon die Hypophyse. Ein hoher Östrogen- und Progesteronspiegel hemmen den Hypothalamus.

Die Pille – mehr als ein Verhütungsmittel

In den zurückliegenden 35 Jahren haben weltweit mehr Menschen die Pille eingenommen als jedes andere ärztlich verordnete Medikament. Allein in Deutschland nutzen 35 % aller Frauen im gebärfähigen Alter regelmäßig Ovulationshemmer. Für junge Frauen ist die Einnahme von empfängnisverhütenden Präparaten längst etwas Selbstverständliches geworden.

Das war allerdings nicht immer so. Als die Anti-Baby-Pille Anfang der 60er Jahre in Deutschland eingeführt wurde, war dies alles andere als eine »leichte Geburt«. Und durchaus nicht alle sahen darin ein »freudiges Ereignis«. Überwältigend war dagegen das Maß an öffentlicher Anteilnahme. Vieles von dem, was damals die Gemüter so ungemein erregte, hat heute allenfalls noch Unterhaltungswert. Ein Blick zurück lohnt dennoch.

Als Geburtsstunde der Pille wird allgemein der 1. Juli 1961 angegeben, der Tag, an dem das Präparat »Anovlar« als erster Ovulationshemmer in Europa auf den Markt kam. Jeder Geburt geht allerdings ein Zeugungsakt voraus. Im Fall der Pille läßt sich dieser ziemlich genau 10 Jahre zurückdatieren. Im Jahre 1951 hatte nämlich Margaret Sanger, eine ebenso profilierte wie unerschrockene amerikanische Frauenrechtlerin, den damals führenden Reproduktionsbiologen der Worcester-Foundation, Prof. Gregory Pincus, aufgesucht. Pincus erforschte zu dieser Zeit intensiv die soeben entdeckten Gelbkörperhormone und hatte erste Arbeiten über deren Rolle im weiblichen Zyklus veröffentlicht. In langen Gesprächen überzeugte Margaret Sanger Prof. Pincus davon, sein Wissen und seine Entdeckungen für die Entwicklung eines Präparates zu nutzen, das Frauen eine problemlose und sichere Empfängnisverhütung ermöglichen sollte.

Die Tatsache, daß es eine engagierte Frauenrechtlerin war, die den entscheidenden Anstoß zur Entwicklung der Ovulationshemmer gegeben hat, sollten vielleicht auch einmal diejenigen Kritikerinnen mitberücksichtigen, die heute von feministischer Seite aus meinen, die Pille als ein weiteres »Manipulationsinstrument« der Männer über die Frauen kritisieren zu müssen.

Anfang der 60er Jahre, bei Einführung der Ovulationshemmer, hatte die Diskussion einen ganz anderen Tenor. Damals feierte die Illustrierte »Stern« das Ereignis als »historischen Tag«. Ein Menschheitstraum sei wahr geworden: Sexualität könne endlich ohne die Angst ausgelebt werden, eine ungewollte Schwangerschaft zu riskieren. Der Gebärzwang der Frauen werde ersetzt durch eine selbstbestimmte Familienplanung. Die Medizin stelle sich in den Dienst des sozialen Fortschritts.

So sahen es die einen. Für die anderen symbolisierte die Pille den Anfang vom Untergang des Abendlandes. Die Katholische Kirche machte mit Predigten und Traktaten gegen den drohenden Sittenverfall mobil, Papst Paul VI (Pillen-Paul) veröffentlichte eine entsprechende Enzyklika. Konservativ gestimmte Politiker riefen nach Gesetzesverschärfungen, die »Bild-Zeitung« wußte nahezu täglich

von neuen Horror-Meldungen über die Pille und ihre Anwenderinnen zu berichten, und auch gynäkologische Hochschullehrer meldeten sich mit ernsten Bedenken zu Wort.
In einer von 45 Ordinarien und 140 weiteren Ärzten unterschriebenen »Ulmer Denkschrift« hieß es: »Eine wahllose Ausgabe solcher Tabletten würde... bei vielen Mädchen und Frauen in und außerhalb der Ehe die letzten Bremsen beseitigen...wir kennen diese Hemmungslosigkeit ja bei manchen Fällen nach Sterilisation«.
Eine neue Gynäkologengeneration, die sich weniger als Hüter der Moral denn als Hüter ihrer Patientinnen versteht, hat mit dem Verordnen von Ovulationshemmern weniger Schwierigkeiten. Die pillenbedingte sexuelle Hemmungslosigkeit hat sich ja denn auch in den folgenden Jahrzehnten als nicht ganz so folgenschwer erwiesen wie ursprünglich befürchtet.
Eher sind es schon die mit zyklischer Regelmäßigkeit auftauchenden Berichte über angebliche Gesundheitsrisiken der Pille, die für Beunruhigung sorgen. Richtig ist sicherlich, daß an Ovulationshemmer ganz besonders hohe Anforderungen bezüglich ihrer Sicherheit und Verträglichkeit gestellt werden müssen. Schließlich werden sie nicht zur Behandlung einer Krankheit eingesetzt, wo man gewisse Nebenwirkungen in Kauf nimmt, um das zugrundeliegende Leiden wirkungsvoll zu bekämpfen. Die Pille wird vielmehr von jungen, gesunden Frauen eingenommen und dient primär einem nichtmedizinischen Zweck – nämlich der Empfängnisverhütung. Komplikationen, die unter einer solchen Medikation auftreten, sind daher besonders schwerwiegend.
Von Beginn an gab es immer wieder Vermutungen und Spekulationen über ein erhöhtes Krebsrisiko von Pillenanwenderinnen. Diese Vermutungen wurden gestützt durch Berichte, wonach vor allem der Brustkrebs gehäuft auftreten solle. Nun gehört die Pille inzwischen nicht nur zu den weltweit am meisten angewendeten, sondern auch zu den am besten untersuchten Präparaten. Bei Hunderten von Studien, die zum Thema Pille und Brustkrebs durchgeführt wurden, gab es tatsächlich einige, die ein erhöhtes Risiko festgestellt haben. Diese Studien fanden zumeist ein großes Echo in der Laienpresse. Fast ebenso viele Studien fanden im Gegenteil jedoch sogar ein erniedrigtes Brustkrebsrisiko. Auch gutartige Erkrankungen der Brustdrüse wie z.B. Zysten traten danach deutlich seltener auf. Diese Studien hatten für die Laienpresse jedoch offensichtlich keinen Nachrichtenwert. Sie wurden zumeist nur in Fachjournalen publiziert.
Faßt man alle Untersuchungen in einer sogenannten »Metaanalyse« zusammen, so stellt sich heraus, daß das Risiko, einen Brustkrebs zu bekommen, für Pillenanwenderinnen offensichtlich weder erhöht noch erniedrigt ist.
Für eine andere Krebsart ließ sich dagegen ein eindeutiger Zusammenhang feststellen. Die Wahrscheinlichkeit, einen Eierstockkrebs zu bekommen, ist unter Ovulationshemmereinnahme deutlich reduziert – und zwar nahezu um die Hälfte. Ähnliches gilt für den Krebs des Gebärmutterkörpers. Die Pille ist somit zur Zeit das einzige Medikament, mit dem sich eine nachgewiesene Krebsprophy-

laxe betreiben läßt. Ob auf Grund dieser Tatsache allerdings künftig auch Nonnen – wie von einem prominenten Gynäkologen gefordert – die Pille nehmen sollten, steht auf einem anderen Blatt.
Vor allem berücksichtigt diese Forderung nicht, daß Pillenanwenderinnen in einem anderen Bereich tatsächlich ein erhöhtes Gesundheitsrisiko eingehen. Thromboembolische Komplikationen, also die Bildung und Verschleppung von Blutgerinnseln, treten unter Ovulationshemmereinnahme häufiger auf. Häufig heißt in diesem Fall, daß die normale Rate von 2 thromboembolischen Komplikationen auf 10 000 Frauen auf 4 Fälle ansteigt. Statistisch gesehen ist das zwar eine Verdoppelung, in absoluten Zahlen aber noch immer ein extrem seltenes Ereignis.
Betroffen sind darüber hinaus fast ausschließlich solche Frauen, die zusätzliche Risikofaktoren aufweisen. Hier sind vor allem das Rauchen, aber auch Bluthochdruck und das gehäufte Auftreten von Thrombosen in der Familie zu nennen. Durch eine kontinuierliche Dosisreduktion (die neuen Mikropillen enthalten inzwischen weniger als die Hälfte an Östrogenen gegenüber der ersten Pillengeneration), sowie durch die gezieltere Erfassung von Risikopatientinnen werden sich in Zukunft diese Komplikationen wahrscheinlich noch weiter vermindern lassen.
Wenn von Nebenwirkungen der Pille die Rede ist, so sollten dabei auch die »positiven« Nebenwirkungen nicht unerwähnt bleiben. Unter Ovulationshemmern sind die Monatszyklen zumeist sehr stabil, die Blutungsintensität häufig reduziert und eventuell mit der Blutung einhergehende Schmerzen deutlich vermindert. Auch die insbesondere bei jungen Frauen häufig auftretenden Hautprobleme wie z.B. Akne bessern sich unter Pilleneinnahme zumeist deutlich. In manchen Ländern, in denen die Verordnung der Pille noch immer reglementiert ist, rezeptieren Gynäkologen ihren Patientinnen, die eine Empfängnisverhütung wünschen, die entsprechenden Präparate daher zur »Zyklusstabilisierung« oder zur Behandlung dermatologischer Probleme. Die kontrazeptive Wirkung der Präparate wird dabei als erwünschte Nebenwirkung »in Kauf genommen«.
35 Jahre nach Einführung läßt sich für die Pille konstatieren, daß sie weder zum moralischen Verfall der Gesellschaft geführt hat noch eine besondere gesundheitliche Gefährdung für ihre Anwenderinnen darstellt. Allerdings sind auch bei guter Verträglichkeit Nebenwirkungen möglich. Daher sollte die Verordnung von Ovulationshemmern auch weiterhin durch einen Arzt erfolgen. Immer wieder einmal vorgebrachte Forderungen, angesichts des großen Nutzens und der hohen Sicherheit wäre die Abgabe der Pille – ähnlich Kondomen oder Zigaretten – am Automaten möglich, sind daher nicht akzeptabel.
In Anbetracht des erhöhten Risikos, das insbesondere starke Raucherinnen bei der Pilleneinnahme eingehen, schlug allerdings kürzlich ein französischer Hormonspezialist eine Lösung vor, die vielleicht nicht ganz ernst gemeint, aber dennoch überlegenswert ist: Danach könne man die Pille ruhig im Automaten verkaufen, statt dessen sollte eine Rezeptpflicht für Zigaretten eingeführt werden.

Wie der Arzt die Gebärmutter untersucht

Wie in allen Bereichen der Medizin so geht auch bei der Behandlung von Gebärmuttererkrankungen eine genaue Diagnostik der Therapie voraus. Durch die technischen Fortschritte der letzten Jahre konnten bereits zur Verfügung stehende Untersuchungsmethoden weiter verfeinert werden, teilweise kamen auch ganz neue Verfahren hinzu. Im Sinne einer differenzierten Therapie von Gebärmuttererkrankungen ist diese Entwicklung sehr zu begrüßen. Dies gilt um so mehr angesichts der Tatsache, daß diese Diagnoseverfahren für die Patientin so gut wie nicht belastend sind. Das folgende Kapitel gibt einen Überblick über die derzeit gängigen Untersuchungsmethoden.

Die Erhebung der Krankengeschichte

Wie bei jedem anderen Arztbesuch so geht auch beim Gynäkologen eine ausführliche Erhebung der Krankengeschichte und eine Erfragung der aktuellen Beschwerden der eigentlichen Untersuchung voraus. Wichtig sind allgemeine Daten wie:

- Zeitpunkt der ersten Periodenblutung (Menarche)
- bei Frauen nach den Wechseljahren: Zeitpunkt der letzten Periode (Menopause)
- Anzahl der Geburten und Verlauf der zurückliegenden Schwangerschaften
- vorausgegangene Operationen
- eventuelle innere Erkrankungen
- Medikamente bzw. Verhütungsmittel
- Häufungen bestimmter Erkrankungen in der Familie (Stoffwechselerkrankungen, Krebserkrankungen).

Besonders bei Erkrankungen der Gebärmutter ist eine genaue Erhebung der sogenannten Zyklusanamnese und des Blutungsverhaltens von Bedeutung. In vielen Fällen kann bereits eine detaillierte Beschreibung der Beschwerden bzw. der Blutungsstörungen eine recht exakte Zuordnung des Krankheitsbildes ermöglichen. Vor dem Termin beim Frauenarzt ist es daher sinnvoll, sich bereits folgende Fragen selbst zu beantworten und gegebenenfalls aufzuschreiben:

- Ist der Zyklus regelmäßig?
- Wie lang sind die Zyklusintervalle?
- Wie lange ist die Blutungsdauer?
- Wann war die letzte Periode?

Bei Vorliegen von Blutungsanomalien:

- Sind die Blutungen übermäßig stark?
- Sind die Blutungen sehr lange anhaltend?
- Treten Zwischenblutungen auf?
- Sind die Blutungen schmerzhaft?

Sowohl bei Blutungen als auch bei Schmerzen kann eine genaue Zuordnung der Beschwerden im Hinblick auf das Zyklusgeschehen hilfreich sein. Wichtig ist daher folgende Frage:

- Treten die Blutungen und/oder Schmerzen immer während einer bestimmten Zyklusphase auf (z.B. kurz vor der Menstruation), oder sind die Beschwerden völlig unregelmäßig?

Gegebenenfalls kann das Führen eines Zykluskalenders hilfreich sein, in dem die Blutungstage eingetragen und die Blutungsstärke vermerkt wird. Entsprechende Vordrucke halten die meisten Frauenärzte bereit.

Die Tastuntersuchung

Die gynäkologische Tastuntersuchung ist fester Bestandteil jeder gynäkologischen bzw. Krebsvorsorgeuntersuchung und sollte allen weitergehenden Untersuchungen, z.B. einer Ultraschalldarstellung, vorangehen. Da sie mit beiden Händen durchgeführt wird, spricht man auch von einer bimanuellen Untersuchung. Dabei geht der Arzt mit dem Zeige- und Mittelfinger der rechten Hand in die Scheide hinein, die linke Hand bildet ein Widerlager auf der Bauchdecke der Patientin. Zwischen beiden Händen läßt sich nun die Gebärmutter tasten.

Vergrößerungen der Gebärmutter, z.B. durch Myome (gutartige Muskelgeschwülste, siehe S. 100) können so festgestellt werden. Bei einer Schwangerschaft fühlt sich der Uterus, der normalerweise recht derb ist, deutlich aufgelockert an. Einschränkungen der Beweglichkeit deuten auf abgelaufene Entzündungen oder auf einen ausgedehnten Endometriosebefall (siehe S. 72) des kleinen Beckens hin. Ein bei der Tastuntersuchung auslösbarer Druckschmerz ist meist nicht durch Erkrankungen der Gebärmutter bedingt, sondern weist auf entzündliche oder zystische Veränderungen im Bereich der Eileiter bzw. der Eierstöcke hin. Auch diese werden bei der gynäkologischen Untersuchung mitbeurteilt, sind jedoch im Gegensatz zur Gebärmutter manchmal nur schwer zu tasten.

Die rektale Untersuchung schließt die gynäkologische Tastuntersuchung ab. Im Rahmen der Krebsvorsorge dient die Untersuchung des Enddarms mit dem Finger dem Ausschluß eines Rektumkarzinoms (Krebs des Enddarms). Gleichzeitig läßt sich durch die rektale Untersuchung auch die Hinterwand der Gebärmutter und die Beschaffenheit des von ihr zur seitlichen Beckenwand ziehenden Bindegewebes (Parametrium) beurteilen.

Der Krebsabstrich

Der Krebsabstrich sollte im Rahmen der Vorsorgeuntersuchung einmal jährlich durchgeführt werden. Zur Entnahme des Krebsabstriches erfolgt die sogenannte Spekulumeinstellung der Scheide, bei der zwei flache Löffel (Specula) in die Vagina eingeführt werden. So lassen sich vordere und hintere Scheidenwand auseinanderhalten, und der Muttermund wird im hinteren Scheidengewölbe sichtbar. Mit einem Watteträger werden nun einige Zellen von der Oberfläche des Gebärmuttermundes entnommen, ein zweiter Abstrich erfolgt aus dem Gebärmutterhalskanal. Die Untersuchung ist absolut schmerzfrei.

Die Zellen werden dann auf einem Objektträger fixiert und in einem Speziallabor nach einem bestimmten Verfahren gefärbt und anschließend mikroskopisch untersucht. Der Untersuchung liegt die Erkenntnis zugrunde, daß gutartige Zellen sich nicht plötzlich in bösartige verwandeln, sondern daß die Entwicklung dorthin über mehrere Zwischenstufen erfolgt. Die Kriterien zur Beurteilung dieser Zwischenstufen hat der griechische Arzt Papanicolau in den 50er Jahren dieses Jahrhunderts entwickelt. Nach ihm wird noch immer die Einteilung der Befunde vorgenommen, häufig abgekürzt als Pap-Abstrich I–V (siehe Tabelle 1, S. 35).

Der Pap-Abstrich ist eines der wenigen wirklich erfolgreichen Krebsvorsorgemodelle. Er ist einfach und preiswert durchzuführen, für die Patientin nicht belastend und zeichnet sich durch eine hohe Treffsicherheit aus. Die Tatsache, daß dabei Zellveränderungen bereits erfaßt werden,

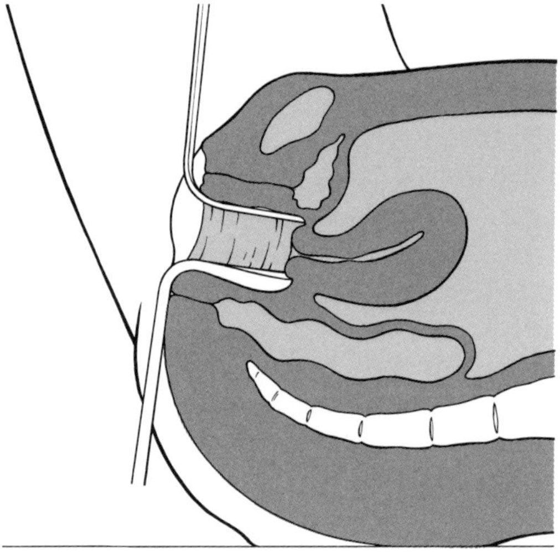

Abb. 9: Spekulumuntersuchung.
Durch das Auseinanderhalten der Scheide läßt sich die Portio gut betrachten. Dabei hebt das vordere Spekulum Blase und Harnröhre an, während das hintere Spekulum den Enddarm verdrängt.

bevor sich ein manifester Krebs entwickelt, ermöglicht eine wirkliche Vorsorge und nicht nur die Früherkennung eines bereits vorhandenen Tumors. Seit Einführung der Krebsvorsorgeuntersuchung mit der routinemäßigen Durchführung des Abstriches läßt sich auch statistisch eine deutliche Abnahme der Fälle von Gebärmutterhalskrebs nachweisen. Wahrscheinlich könnte diese Krebsart völlig ausgerottet werden, wenn alle Frauen – und nicht wie bisher lediglich 30 % – die Möglichkeit der kostenlosen Vorsorgeuntersuchung nutzen würden.

Ein weitverbreitetes Mißverständnis muß jedoch an dieser Stelle korrigiert werden. Mit dem allgemein als »Krebsabstrich« bezeichneten Cytotest nach Papanicolaou wird lediglich ein möglicher Krebs des Gebärmutter*halses* ausgeschlossen. Er sagt nichts aus über einen eventuellen Krebs des höher gelegenen Gebärmutter*körpers* oder der im Bauchraum gelegenen Eierstöcke. Um diese Karzinome zu entdecken, müßen weitergehende Untersuchungen durchgeführt werden.

Da die Tastuntersuchung zur Entdeckung von Frühformen des Gebärmutterkörperkrebses zumeist nicht ausreicht, empfiehlt sich der großzügige Einsatz des Ultraschalls, auch wenn dieser zur Zeit noch kein fester Bestandteil der gesetzlich geregelten Krebsvorsorge ist.

Tab. 1: Die Bedeutung des Abstriches nach Papanicolaou

Pap-Gruppe	Bedeutung	Empfehlung
I	Normales Zellbild	Kontrolle nach einem Jahr
II	Diskrete Zellveränderungen, bedingt durch leichte Entzündung oder Hormonmangel	Kontrolle nach 6 bis 12 Monaten
III	Schwere entzündliche oder degenerative Veränderungen	Kontrolle nach antientzündlicher oder Östrogentherapie
III D	Wie III, mit zusätzlichem Nachweis leichter Dysplasien, also von Zellen, aus denen sich Tumorzellen entwickeln können	Kontrolle nach antientzündlicher oder Östrogentherapie; bessert sich der Befund nicht: Konisation
IV a	Nachweis schwerer Dysplasien	Konisation
IV b	Verdacht auf einen Oberflächen-Krebs (Carzinoma in situ)	Konisation
V	Verdacht auf Vorliegen eines Gebärmutterhalskrebes	Umgehende Diagnosesicherung durch Entnahme einer Gewebeprobe

Die Spiegelung des Gebärmuttermundes (Kolposkopie)

Die Effizienz des Krebsabstriches kann noch weiter erhöht werden durch den zusätzlichen Einsatz des sogenannten Kolposkopes. Hierbei handelt es sich um ein lupenoptisches Instrument, das eine Betrachtung des Muttermundes mit bis zu 40facher Vergrößerung erlaubt. Veränderungen der Portio lassen sich somit früher und deutlicher erkennen, als dies lediglich mit dem bloßen Auge möglich ist. Unter lupenoptischer Kontrolle kann der Krebsabstrich gezielt aus den als verdächtig eingestuften Bereichen entnommen werden. Gelegentlich ist es erforderlich, die Portiooberfläche mit einer schwachprozentigen Essigsäure- oder Jodlösung zu betupfen, um bestimmte Strukturen noch besser sichtbar zu machen. Kleine Veränderungen am Muttermund wie z.B. Ektopien (siehe

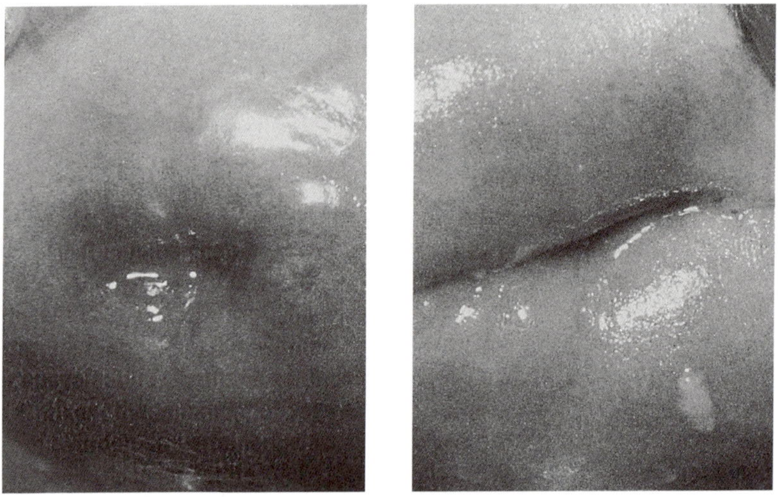

a b

Abb. 10: Kolposkopie. Abb. a zeigt den typischen, grübchenförmigen Muttermund einer Frau, die noch nicht geboren hat, Abb. b zeigt den schlitzförmigen Muttermund einer Frau nach Entbindung. In beiden Fällen ist der Muttermund von normalem Plattenepithel überzogen.

S. 96) können unter kolposkopischer Kontrolle gezielt beseitigt werden, z.B. durch den Einsatz eines Lasers. Die Kolposkopie wird inzwischen von den meisten Gynäkologen routinemäßig in die Krebsvorsorgeuntersuchung einbezogen.

Die Ultraschalluntersuchung (Sonographie)

Der Einsatz des Ultraschalls, also der Sonographie, hat die gynäkologische Diagnostik in den letzten Jahrzehnten entscheidend vorangebracht. Ultraschalluntersuchungen haben den großen Vorteil, daß sie für die Patientin nicht nur völlig schmerzfrei sind, sondern darüber hinaus – im Gegensatz etwa zur Röntgendiagnostik – nicht mit einer Strahlenbelastung einhergehen. Ultraschalluntersuchungen können daher beliebig lange durchgeführt und beliebig oft wiederholt werden. Durch sie lassen sich auch jene Organe im kleinen Becken darstellen, die bei der Tastuntersuchung gelegentlich schwer zu beurteilen sind, wie zum Beispiel die Eierstöcke.

Ursprünglich wurde die Ultraschalluntersuchung vom Bauch aus durchgeführt (Abdominalsonographie). Voraussetzung für eine aussage-

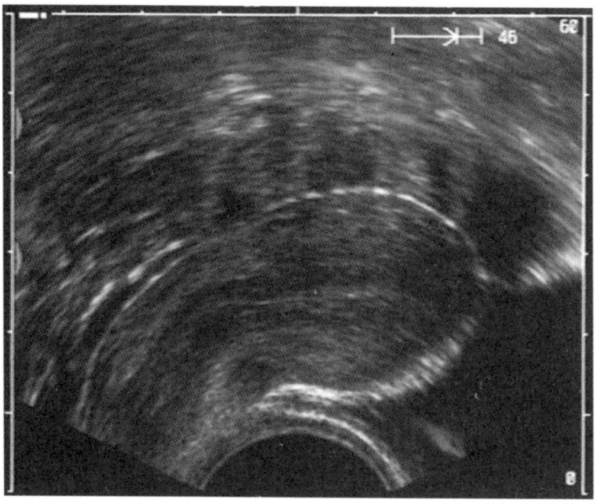

Abb. 11: Ultraschalldarstellung der Gebärmutter (Transvaginalsonographie).

kräftige Darstellung der Organe im kleinen Becken ist dabei eine gut gefüllte Harnblase, da diese die normalerweise hinter dem Schambeinknochen gelegene Gebärmutter nach oben drängt.

In den letzten Jahren hat sich immer mehr die Ultraschalluntersuchung von der Scheide aus durchgesetzt (Transvaginalsonographie). Hierbei kann nicht nur auf die gefüllte Harnblase verzichtet werden, die Methode erlaubt auch eine wesentlich bessere Darstellung von Gebärmutter und Eierstöcken, da der Schallkopf viel näher an die zu untersuchenden Organe herangeführt werden kann. Im Gegensatz zur abdominalen Sonographie ist beim vaginalen Ultraschall z.B. auch eine Darstellung des Endometriums, der Gebärmutterschleimhaut, möglich. Dieses ist insofern von Bedeutung, als der Krebs des Gebärmutterkörpers von eben dieser Schleimhaut ausgeht.

Auch der Nachweis von Polypen in der Gebärmutterhöhle – ein häufiger Grund für Blutungsanomalien – ist durch den Einsatz der Vaginalsonographie möglich. Muskelgeschwülste der Gebärmutter, sogenannte Myome, lassen sich exakt lokalisieren und millimetergenau ausmessen. Im Rahmen von Verlaufskontrollen läßt sich so feststellen, ob diese Myome eine Wachstumstendenz aufweisen oder ob sie nicht an Größe zunehmen.

Beim Einsatz technisch hochwertiger Geräte und in der Hand eines erfahrenen Untersuchers übertrifft die Aussagekraft der Transvaginalsonographie bei der Darstellung von Gebärmutter und Eierstöcken inzwischen sogar aufwendige und teure Untersuchungsverfahren wie die Computer- und die Kernspintomographie.

Die Farbdopplersonographie

Eine weitere technische Neuerung, die sogenannte Farbdopplersonographie, kann mit der Ultraschalluntersuchung kombiniert werden und erlaubt zusätzliche Aufschlüsse über die untersuchten Organe. Bei der Farbdopplersonographie werden die Blutgefäße, die ein Organ oder einen Tumor versorgen, sichtbar gemacht. Gleichzeitig kann der Blutfluß in diesen Gefäßen dargestellt und gemessen werden. Tumorbiologische Untersuchungen haben gezeigt, daß bösartige Geschwülste dazu neigen, sich ihr eigenes System von Blutgefäßen aufzubauen und daß der Blutfluß in diesen Tumorgefäßen sich von dem normaler Blutgefäße unterscheidet. Der Einsatz der Farbdopplersonographie kann somit eine Hilfestellung bei der so wichtigen Differentialdiagnostik zwischen gutartigen und bösartigen Geschwülsten leisten.

Da die Farbdopplergeräte sehr teuer sind, stehen sie zur Zeit nur in wenigen gynäkologischen Praxen. Große Kliniken und spezialisierte Zentren sind jedoch zumeist mit entsprechenden Apparaten ausgestattet, so daß bei einer nicht sicher einzuordnenden Geschwulst eine Überweisung dorthin möglich ist.

Ultraschall – der sanfte Blick in den Körper

Frage: Was hat der Untergang der Titanic mit der Frauenheilkunde zu tun?
Antwort: Wäre zu Beginn dieses Jahrhunderts der amerikanische Luxusliner nicht unter solch spektakulären Umständen gesunken, hätte am Ende des Jahrhunderts die Frauenheilkunde nicht einen solchen bemerkenswerten Aufschwung genommen. Die Erklärung: Der Untergang der Titanic war das entscheidende Ereignis für die Entwicklung einer Technologie, die die Gynäkologie wie kaum eine zweite bereichert und verändert hat: die Ultraschalluntersuchung.

Bekanntlich sank im Jahr 1912 die Titanic – damals das Sinnbild technologischen Fortschritts schlechthin – auf ihrer Jungfernfahrt, weil sie mit einem Eisberg zusammengestoßen war, dessen größter Teil unter Wasser gelegen und damit nicht sichtbar war. Der Physiker Christian Behm las von dem Unglück an einer Wiener Litfaßsäule und konzentrierte daraufhin seine Forschungen auf die Frage, wie sich solche Unglücke in Zukunft vermeiden ließen. Das Ergebnis dieser Forschungen ließ er sich wenige Jahre später patentieren. Es war das Echolot. Bei dieser Technik sendet ein Gerät hochfrequente und für das menschliche Ohr nicht wahrnehmbare Ultraschallwellen aus. Diese werden in Flüssigkeit nahezu ungehindert fortgeleitet. Treffen sie jedoch auf einen festen Gegenstand, so reflektiert dieser einen Teil der Ultraschallwellen. Das Echolot registriert und analysiert zurückkommende Signale und kann daraus Rückschlüsse auf Größe, Form und Beschaffenheit des georteten Gegenstandes sowie über dessen Entfernung zur Schallquelle gewinnen. Strenggenommen ist das Echolot jedoch keine menschliche Erfindung, sondern eher der Nachbau eines in der Natur bereits seit langem erfolgreich angewendeten Systems: Fledermäuse etwa nutzen das Ultraschallprinzip, um ihre Beute zu jagen.

Im zweiten Weltkrieg wurde das Echolotverfahren vor allem militärisch genutzt, etwa zum Aufspüren von U-Booten. Wer in Wolfgang Petersens Film »Das Boot« die beklemmende Szene gesehen hat, wie eine U-Boot-Besatzung die Ortung durch ein über ihr kreisendes Kriegsschiff erlebt, wird diese so schnell nicht vergessen.

Die friedliche Nutzung des Ultraschalls im Rahmen der Medizin setzte erst in den 50er Jahren ein. Dabei waren die ersten Geräte noch wahre Ungetüme, und die Untersuchungen mußten – für die Patienten weniger angenehm – in großen Wassertanks durchgeführt werden. Die enormen Vorteile der Methode lagen jedoch auf der Hand. Endlich stand ein bildgebendes Verfahren zur Verfügung, welches im Gegensatz zur klassischen Röntgendiagnostik nicht mit einer Strahlenbelastung einherging. Die völlige Ungefährlichkeit der Methode macht es z.B. auch möglich, bei Schwangeren die Entwicklung des Kindes im Mutterleib zu verfolgen.

Mußte man bei den ersten Ultraschallgeräten noch viel Phantasie aufbringen, um im allgemeinen »Schneegestöber« erkennbare Strukturen ausfindig zu ma-

chen, so hat die Entwicklung der Mikroprozessortechnologie und die computergestützte Bildauswertung die Diagnostik immer weiter perfektioniert.
Das Auflösungsvermögen, also die Fähigkeit, zwei nebeneinanderliegende Punkte noch getrennt wahrzunehmen, liegt bei guten Ultraschallgeräten inzwischen im Bereich von 0,2 mm.
Mitte der 80er Jahre brachte die Entwicklung der Transvaginalsonographie einen weiteren entscheidenden Fortschritt. Durch den Zugangsweg von der Scheide aus wurde es möglich, insbesondere die gynäkologischen Organe – Gebärmutter und Eierstöcke – aus nächster Nähe und in großer Schärfe zu betrachten. Wo Frauenärzte zuvor auf schwer beurteilbare Tastbefunde angewiesen waren, konnten sie sich nun ein exaktes Bild der vorliegenden Veränderungen verschaffen. Der Vaginalschallkopf wurde zum »sehenden Finger« des Gynäkologen.
Weitere Ultraschalltechniken kamen hinzu: Die Entwicklung hochfrequenter Schallköpfe hat die Ultraschalluntersuchung der Brustdrüsen (Mammasonographie) zu einer sehr genauen diagnostischen Methode werden lassen, die die klassische Röntgenuntersuchung (Mammographie) ergänzt. Sogenannte Doppleruntersuchungen (siehe Seite 38) erlauben Aufschlüsse über die Gefäßversorgung und Durchblutung der dargestellten Strukturen. Sie sind insbesondere für die Zustandsbeurteilung des Feten in der Spätschwangerschaft, aber auch für die Differentialdiagnose unklarer Tumoren von Bedeutung.
Beim sogenannten Transmissionsultraschall wird nicht die Reflektion von Schallwellen gemessen, sondern die Abschwächung beim Durchtritt durch ein Gewebe. Dies erlaubt z.B., inzwischen auch die Knochendichtemessung zur Beurteilung des Osteoporoserisikos durch eine Ultraschalluntersuchung vorzunehmen.
An weiteren Verfahren wird gearbeitet. Zur Zeit gehen die ersten Geräte in die klinische Erprobung, die eine dreidimensionale Darstellung des untersuchten Organs erlauben. Hierzu sind allerdings spezielle Schallköpfe und eine komplizierte digitale Computerverarbeitung der Schnittbildfolge erforderlich.
Das große Thema der Zukunft wird wahrscheinlich die therapeutische Anwendung des Ultraschalls sein. Durch Frequenzen, die wesentlich höher als die zur Diagnostik verwendeten liegen, lassen sich im Körpergewebe lokal begrenzte Hitzewirkungen erzielen. Ein auf Ultraschallbasis arbeitendes »harmonisches Skalpell«, das beim Schneiden gleichzeitig die durchtrennten Blutgefäße verschließt, macht sich diesen Effekt bereits zunutze.
Für die kommenden Jahre ist eine kombinierte Technologie denkbar, bei der z.B. Krebsmetastasen mit dem diagnostischen Ultraschall zunächst geortet, dann mit therapeutischen Ultraschallwellen gezielt beseitigt werden können – und das, ohne benachbartes Gewebe zu zerstören. Das mag zur Zeit noch Zukunftsmusik sein, aber das war die Entwicklung eines Echolotes auch einmal – damals, als die Titanic unterging.

Kombinierte Untersuchungs- und Behandlungsmethoden

Im folgenden werden vier Verfahren beschrieben, die sowohl diagnostischen als auch therapeutischen Wert haben:

- Konisation
- Ausschabung (Abrasio)
- Gebärmutterspiegelung (Hysteroskopie)
- Bauchspiegelung (Laparoskopie)

Bei diesen Verfahren handelt es sich um kleinere operative Eingriffe, die dann erforderlich werden, wenn ein Befund durch die üblichen sogenannten nichtinvasiven Untersuchungstechniken, wie Tastuntersuchung, Sonographie und Abstrichentnahme, nicht hinreichend abgeklärt werden kann. Dies ist insbesondere beim Verdacht auf das Vorliegen bösartiger Veränderungen der Fall. Hier ist die Entnahme einer Gewebeprobe zwingend erforderlich, da erst die feingewebliche Untersuchung dieser Probe durch einen Pathologen hundertprozentige Gewißheit erbringt. Alle vier Eingriffe lassen sich im Rahmen eines ambulanten bzw. kurzstationären Aufenthaltes durchführen. Zur Schmerzausschaltung ist bei der Konisation und Abrasio zumeist eine kurze Vollnarkose erforderlich, prinzipiell ist aber auch eine örtliche Betäubung möglich. Die diagnostische Hysteroskopie läßt sich zumeist ohne jegliche Narkose durchführen. Die Laparoskopie erfordert immer eine Vollnarkose.

Die Konisation

Eine Konisation wird dann erforderlich, wenn der Pap-Abstrich der Portio einen hochgradig verdächtigen Befund erbracht hat (Pap IV oder Pap V, siehe Seite 35). Mittelgradig verdächtige Befunde wie ein Pap III bzw. Pap III D sind häufig durch Entzündungen der Scheide oder durch Östrogenmangel bedingt. Hier sollte zunächst eine Behandlung mit antientzündlichen Präparaten und/oder lokal wirkenden Östrogenen unternommen werden. Erst wenn bei Kontrollabstrichen ca. 2–3 Monate nach einer solchen Therapie keine Besserung festgestellt wird, ist die Durchführung einer Konisation angezeigt.

Wie die Konisation durchgeführt wird

Bei der Konisation handelt es sich um die Ausschneidung eines kegelförmigen Gewebeblocks (Konus) aus dem Gebärmuttermund. Ob dies mit dem Messer, dem Laser oder einer elektrischen Schlinge erfolgt, ist eher zweitrangig und von der Schulung und den Vorlieben des Operateurs abhängig. Wichtig ist, daß der Block groß genug geschnitten ist, um alle Veränderungen zu entfernen, aber klein genug gehalten wird, um die Funktion des Gebärmutterhalses nicht zu beeinträchtigen. Insbesondere bei Frauen, bei denen noch Kinderwunsch besteht, kann ein zu großzügig geschnittener Konus zur sogenannten Zervixinsuffizienz führen. Der Gebärmutterhals, der ja während einer Schwangerschaft die Gebärmutter verschließen muß, kann sich dann vorzeitig öffnen und im Extremfall zu einer Fehlgeburt führen. Bei noch bestehendem Kinderwunsch sollte diese Problematik vor der Durchführung einer Konisation mit der Patientin besprochen werden.

Der ausgeschnittene Konus wird im Anschluß an den Eingriff von einem Pathologen gründlich untersucht. Wichtig sind vor allem drei Fragestellungen:

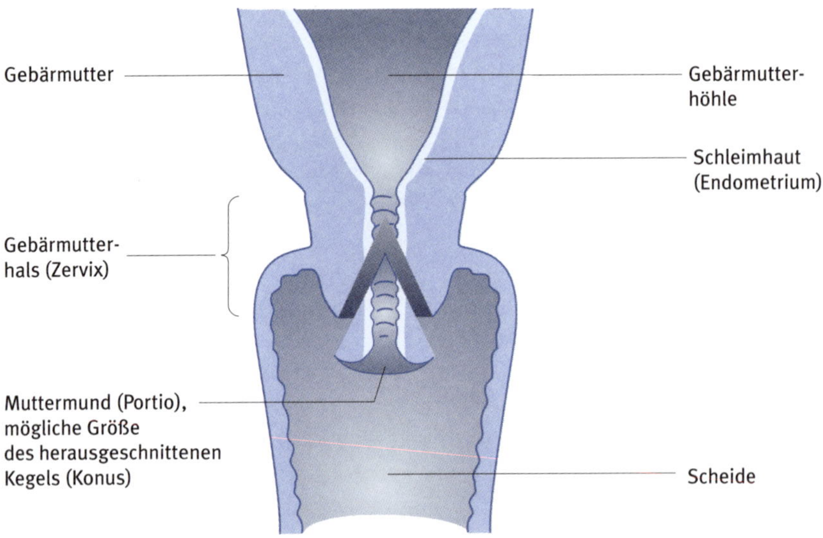

Abb. 12: Konisation.

- Sind bereits krebsartige Veränderungen vorhanden?
- Falls ja, handelt es sich um einen reinen Oberflächenkrebs (Carcinoma in situ), oder sind die Veränderungen tiefergehend?
- Sind die Schnittränder des Kegels tumorfrei ?

Was Dysplasien bedeuten

In vielen Fällen wird die feingewebliche Untersuchung nicht Krebszellen, sondern lediglich sogenannte Dysplasien, Zellveränderungen unterschiedlichen Ausmaßes, nachweisen. Leichte Dysplasien sind prinzipiell rückbildungsfähig. Sie bessern sich zumeist nach einer antientzündlichen Behandlung. Schwere Dysplasien müssen jedoch als eine echte Krebsvorstufe angesehen werden, die nach einem mehr oder weniger langen Zeitraum zu einem manifesten Gebärmutterhalskrebs entarten.

Gehen diese Dysplasien jedoch nicht über den Schnittrand des entfernten Kegels hinaus, so besteht kein Grund zur Sorge. Eine weitergehende Therapie ist nicht erforderlich, regelmäßige Kontrollabstriche genügen. Das gleiche gilt für das sogenannte Carcinoma in situ. Hierbei handelt es sich um eine besondere Krebsform, die auf die obersten Zellschichten des Gewebes beschränkt ist. Da sie die sogenannte Basalmembran, die die Zellschichten gegen die darunterliegenden Strukturen abgrenzt, noch nicht durchbrochen hat, besteht keine Gefahr, daß diese Krebszellen bereits in das Blut oder Lymphsystem eingebrochen sind und damit potentiell gestreut haben. Auch hier kann die Konisation als ausreichender Eingriff gelten, wenn alle Schnittränder des Konus nachweislich tumorfrei sind.

Schwierig wird die Situation, wenn schwere Dysplasien oder ein Carcinoma in situ vorliegen und diese Veränderungen über den Schnittrand des Konus hinausgehen, d.h. sich schon in Richtung Gebärmutterkörper ausgedehnt haben. In diesem Fall kann eventuell noch einmal der Versuch einer Nachresektion unternommen werden, d.h. unter Erhalt der Gebärmutter wird erneut ein Gewebeblock entnommen, in der Hoffnung, damit endgültig alle suspekten Veränderungen entfernt zu haben.

Falls auch dies nicht der Fall ist, bleibt nur die Entfernung der gesamten Gebärmutter, um nicht ein Krebsleiden zu riskieren, das dann eine noch wesentlich radikalere Therapie nach sich ziehen würde.

Sollte die Untersuchung des Pathologen bösartige Gewebsveränderungen nachweisen, die die sogennante Basalmembran bereits durchbrochen haben, so liegt ein manifester Krebs des Gebärmutterhalses vor. In diesem Fall ist eine weitergehende Therapie erforderlich, die in dem Kapitel »Krebs des Gebärhutterhalses« besprochen wird.

Gebärmutterhalskrebs – eine Erkrankung durch Viren?

In den letzten Jahren hat sich immer mehr die Erkenntnis durchgesetzt, daß die Entstehung des Gebärmutterhalskrebses eng mit einer lokalen Virusinfektion durch sogenannte Humane-Papilloma-Viren (HPV) verbunden ist. Diese Viren unterteilen sich in eine Vielzahl von Untertypen, von denen nur einige wenige mit einem erhöhten Krebsrisiko einhergehen. Besonders tückisch sind solche HPV-Infektionen unter anderem auch dadurch, daß sie im Gegensatz zu bakteriellen oder Pilzinfektionen kaum Beschwerden machen. In vielen Fällen gibt allerdings der Krebsabstrich oder die Kolposkopie Hinweise auf das Vorliegen einer HPV-Infektion. Es läßt sich jedoch im Rahmen einer normalen Krebsvorsorge nicht herausfinden, ob es sich dabei um die harmlosen oder aber um die krebserregenden Virustypen handelt. Hierzu sind aufwendige Untersuchungen notwendig, die zur Zeit nur von einigen Speziallabors durchgeführt werden. Näheres zu diesem Thema findet sich im Kapitel über den Gebärmutterhalskrebs ab Seite 107.

Worauf muß sich die Patientin bei der Konisation einstellen?

Es empfieht sich, die Konisation mit einer Ausschabung (Kürettage) des restlichen Gebärmutterhalses, ggf. auch der Gebärmutterhöhle, zu kombinieren, um keine höher gelegenen Veränderungen zu übersehen. Da es im Bereich des Gebärmutterhalses kaum Nervenendigungen gibt, treten nach dem Eingriff auch keine Schmerzen auf.

Als hauptsächliche Komplikation der Konisation müssen Nachblutungen aus der Konisationswunde genannt werden. Diese treten zumeist unmittelbar nach der Operation auf und erfordern dann eine zusätzliche elektrische Verschorfung oder die Umstechung der Blutungsquelle mit einigen Nähten. In seltenen Fällen tritt die Blutung auch erst nach 8–10 Tagen auf, wenn der Wundschorf von der Konisationswunde abgestoßen wird. Dies wurde früher häufig als Argument herangezogen, um Patientinnen nach einer Konisation für 10 Tage oder länger im Krankenhaus zu halten. Ein solches Vorgehen ist heute nicht mehr zu rechtfertigen. Die Konisation ist ein Minimaleingriff, der keinen längerfristigen Krankenhausaufenthalt erfordert. Sollten tatsächlich einmal Nachblutungen auftreten, so sind diese kaum jemals so stark, als daß die Patientin nicht auch von zu Hause das Krankenhaus erreichen könnte.

Die Ausschabung (Abrasio, Kürettage)

Die Ausschabung (Abrasio, Kürettage) dient dazu, die Schleimhaut der Gebärmutterhöhle zu entfernen. Während die Konisation beim Verdacht auf bösartige Erkrankungen des Gebärmutterhalses eingesetzt wird, dient die Ausschabung hauptsächlich zum Ausschluß bösartiger Veränderungen des Gebärmutterkörpers, die fast immer vom Endometrium, also der Gebärmutterschleimhaut, ausgehen.

Da die Schleimhaut sehr empfindlich ist, macht sich eine beginnende Krebserkrankung häufig durch Blutungsstörungen bemerkbar. Insbesondere Blutungen, die nach den Wechseljahren auftreten, sogenannte Postmenopausenblutungen, müssen sehr ernst genommen und unbedingt durch eine Ausschabung abgeklärt werden. Aber auch andere Blutungsunregelmäßigkeiten, die nicht eindeutig hormonell bedingt sind, bedürfen gegebenenfalls einer Ausschabung. Anders verhält es sich bei Blutungsstörungen von jungen Frauen bis zum dreißigsten Lebensjahr. Da ein Gebärmutterkörperkrebs in dieser Altersgruppe praktisch nicht vorkommt, ist eine Abrasio zur Abklärung der Blutungen hier zumeist verzichtbar.

Gelegentlich fallen dagegen bei älteren Patientinnen im Rahmen einer routinemäßigen Ultraschalluntersuchung verdächtige Veränderungen der Gebärmutterschleimhaut auf, die bis dahin noch keine klinischen Beschwerden oder unregelmäßige Blutungen hervorgerufen haben. Je nach dem Ausmaß des Befundes kann auch hier eine Abrasio erforderlich werden.

Eine Ausschabung ist schließlich auch dann angezeigt, wenn eine Fehlgeburt stattgefunden hat, da in der Gebärmutterhöhle verbliebene Schwangerschaftsreste erfahrungsgemäß zu chronischen Blutungen und Entzündungen führen und und somit eine erneute Schwangerschaft verhindern.

So geht der Arzt bei der Ausschabung vor

Bei der Ausschabung selbst wird zunächst die Scheide desinfiziert und anschließend noch einmal eine genaue Tastuntersuchung vorgenommen. Da in Narkose, meistens wird eine Vollnarkose gegeben, die Bauchdecken entspannt sind, ist diese Tastuntersuchung besonders aussagekräftig. Anschließend wird der Gebärmuttermund mit einer Zange gefaßt und eine Sonde in den Gebärmutterhalskanal eingeführt. Hierdurch läßt sich die Lage und Länge der Gebärmutter genau bestimmen. Mit runden

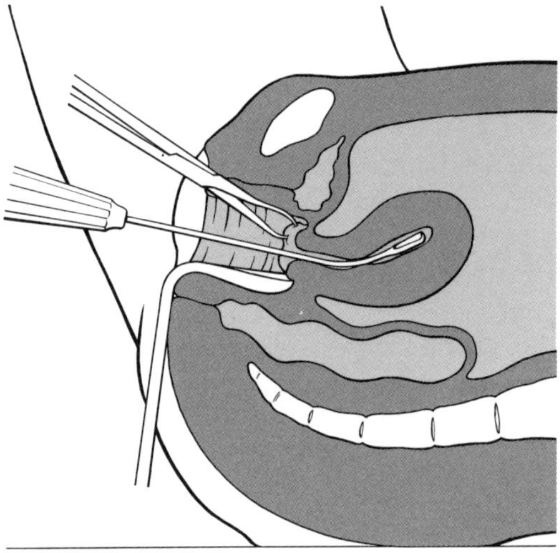

Abb. 13:
Ausschabung.
Die Portio wird mit der Faßzange gehalten, während die Gebärmutterhöhle mit einem scharfen Löffel entleert wird.

Metallstiften von zunehmendem Durchmesser, sogenannten Hegar-Stiften, wird dann der Gebärmutterhalskanal erweitert, um die Kürette, eine Art scharfen Löffel, einführen zu können. Mit ihr erfolgt dann die systematische Entfernung der Gebärmutterschleimhaut.

Bei der Ausschabung aus diagnostischen Gründen werden die Schleimhäute aus Gebärmutterhals und Gebärmutterhöhle getrennt voneinander gewonnen und untersucht. Dieses Vorgehen nennt man fraktionierte Abrasio. So kann man feststellen, aus welchem Bereich der Gebärmutter evtl. gefundene Krebszellen stammen. Erfolgt die Kürettage im Anschluß an eine Fehlgeburt, so ist dies nicht erforderlich. Der gesamte Eingriff dauert kaum zehn Minuten und wird normalerweise in einer Kurznarkose durchgeführt. Zu den möglichen Komplikationen einer Ausschabung gehören Nachblutungen oder Infektionen, die jedoch sehr selten sind. Gelegentlich kann es auch einmal zur Durchstoßung der Gebärmutterwand (Perforation) mit der Sonde oder Kürette kommen. Diese ebenfalls sehr seltene Komplikation kann eine Eröffnung der Bauchdecke erforderlich machen, um die durchstoßene Stelle am Uterus zu übernähen.

In letzter Zeit verbinden viele Kliniken die Ausschabung der Gebärmutter mit einer vorgeschalteten Spiegelung der Gebärmutterhöhle (Hysteroskopie). Dies hat den Vorteil, daß verdächtige Strukturen der Gebärmutterschleimhaut sichtbar gemacht und gezielt entfernt werden können. Auf die Technik der Gebärmutterspiegelung geht der nächste Abschnitt ab S. 48 ein.

Ähnlich wie bei den Veränderungen am Gebärmutterhals, so gibt es auch bei den Veränderungen der Gebärmutterschleimhaut Zwischenstufen zwischen Gut- und Bösartigkeit. Die genaue Untersuchung der ausgeschabten Schleimhaut durch den Pathologen ist daher von großer Bedeutung.

Polypen (siehe S. 99) sind zumeist gutartige Schleimhautveränderungen, die jedoch entfernt werden sollten, da eine gewisse Entartungstendenz besteht. Der Nachweis einer sogenannten glandulär-zystischen Hyperplasie weist auf eine übermäßige Stimulation der Gebärmutterschleimhaut durch Östrogene hin. Der Befund sollte eine genaue hormonelle Abklärung zur Folge haben, geht jedoch nicht mit einem erhöhten Krebsrisiko einher. Dies trifft dagegen sehr wohl für den Nachweis der sogenannten adenomatösen Hyperplasie zu, eine Veränderung der Gebärmutterschleimhaut, die noch in mehrere Grade unterteilt wird. Zumindest der Grad III muß als eine echte Präkanzerose angesehen werden, also als eine Erkrankung, die nach einer gewissen Zeit zu einem hohen Prozentsatz in ein Krebsleiden übergeht. Je nach Ausprägung des Befundes ist daher beim Vorliegen einer adenomatösen Hyperplasie die Entfernung der Gebärmutter (Hysterektomie) anzuraten.

Unabdingbar ist die Hysterektomie, wenn die Ausschabung bereits den Nachweis von Bösartigkeit erbracht hat. Die dann notwendige Therapie wird im Kapitel »Krebs des Gebärmutterkörpers« besprochen.

Noch einmal sei darauf hingewiesen, daß es sich bei der Ausschabung hauptsächlich um einen diagnostischen Eingriff handelt. Er dient zur Abklärung der Ursachen und nicht zur Beseitigung der Blutungsstörungen, es sei denn, diese Blutungen wären bedingt durch Polypen oder Schwangerschaftsreste nach einer Fehlgeburt, die im Rahmen einer Abrasio beseitigt werden können. Ist durch die Ausschabung eine Krebserkrankung als Ursache von Blutungsstörungen ausgeschlossen, so gibt es eine Vielzahl von hormonellen und minimalinvasiven Möglichkeiten, die Blutungen zu behandeln, ohne daß deshalb eine Gebärmutterentfernung erforderlich wäre (siehe Kapitel »Blutungsstörungen: So wird organerhaltend operiert«).

Die Ausschabung ist wie die Konisation ein Minimaleingriff, der keinesfalls einen längeren Krankenhausaufenthalt (z.B. »um das histologische Ergebnis abzuwarten«) rechtfertigt. In den meisten Kliniken wird er inzwischen ambulant angeboten. Viele niedergelassenen Gynäkologen führen ihn auch in der eigenen Praxis durch.

Die Gebärmutterspiegelung (Hysteroskopie)

Die Gebärmutterspiegelung (Hysteroskopie) ist eine endoskopische Methode, mit der es möglich ist, die Gebärmutterhöhle und die sie auskleidende Schleimhaut sichtbar zu machen. Dazu führt man ein nur wenige Millimeter dickes optisches Instrument durch die Scheide und durch den Gebärmutterhals in die Gebärmutterhöhle ein. Um diese zu entfalten und gut einsehen zu können, wird unter einem bestimmten Druck Gas oder Flüssigkeit in die Gebärmutter eingeleitet. Der große Vorteil des Verfahrens besteht in der direkten Sichtbarmachung von Strukturen in der Gebärmutterhöhle und der Möglichkeit zur Entnahme von gezielten Gewebeproben. Dies ist durch sehr feine Instrumente möglich, die durch einen zusätzlichen Arbeitskanal eingeführt werden. Die Hysteroskopie schließt damit eine diagnostische Lücke zwischen der Vaginalsonographie, die im Rahmen der Ultraschalluntersuchung nur eine indirekte Betrachtung der Gebärmutterschleimhaut erlaubt, und der Ausschabung, bei der die Schleimhaut ohne direkte Sichtkontrolle entfernt wird.

Die Gebärmutterspiegelung ist ambulant und ohne Narkose bzw. lediglich in örtlicher Betäubung durchführbar. Während sie in vielen anderen europäischen Ländern ein Routineeingriff ist, wird sie in Deutschland z.Zt. nur in wenigen Abteilungen praktiziert, hat jedoch in den letzten Jahren zunehmend an Bedeutung gewonnen. Ihr konsequenter Einsatz könnte die hohe Zahl von Ausschabungen erheblich reduzieren (jede zweite Frau in Deutschland muß sich derzeit einmal in ihrem Leben einem entsprechenden Eingriff unterziehen). Und würde bei der Ausschabung routinemäßig eine Hysteroskopie vorgeschaltet, so ließe sich die Aussagekraft dieses Eingriffes dadurch deutlich steigern.

Die Gebärmutterspiegelung ist besonders dann angezeigt, wenn Polypen oder in die Gebärmutterhöhle hineinreichende Myome der Grund für Blutungsstörungen sind.

Auch bei der Abklärung einer Sterilität (der Unfähigkeit schwanger zu werden) bzw. der Infertilität (der Unfähigkeit, eine Schwangerschaft auszutragen) spielt die Hysteroskopie eine wichtige Rolle. Die Abgänge der Eileiter aus dem oberen Anteil der Gebärmutterhöhle können sichtbar gemacht werden, ebenso eventuelle Fehlbildungen der Gebärmutterhöhle, die ein Schwangerschaftshindernis darstellen.

Der enorme technische Fortschritt der letzten Jahre hat dazu geführt, daß sich die Gebärmutterspiegelung von einer diagnostischen Methode zu einem operativen Verfahren weiterentwickeln konnte. So ist es inzwischen möglich, viele krankhafte Veränderungen der Gebärmutterhöhle nicht nur genau zu beurteilen, sondern auch zu beseitigen. Mit Hilfe sogenannter Operationshysteroskope, die einen zusätzlichen Arbeitskanal haben, lassen sich Polypen gezielt abtragen, Myome entfernen und Septen (Scheidewände in der Gebärmutterhöhle) durchtrennen. Bei übermäßig starken Menstruationen ist sogar eine Verödung der Schleimhaut durch Hitze zur Ausschaltung bzw. Reduzierung der Blutungsintensität möglich. Durch den konsequenten Einsatz der operativen Hysteroskopie läßt sich somit in vielen Fällen ein wesentlich weitergehender Eingriff per Bauchschnitt vermeiden und die Gebärmutter als Organ erhalten.

Die Bauchspiegelung (Laparoskopie)

Eine Bauchspiegelung wird erforderlich, wenn sich krankhafte Veränderungen und verdächtige Befunde im Bauchraum allein durch bildgebende Verfahren (Ultraschall, Röntgen, Computertomographie) nicht ausreichend abklären lassen. Dies ist z.B. bei Verwachsungen oder dem Verdacht auf Endometriose (siehe S. 72) der Fall. Hier erlaubt die Laparoskopie die genaue Diagnosesicherung durch die gezielte Entnahme kleiner Gewebemengen (Biopsien), die anschließend feingeweblich untersucht werden können. Eine wichtige Rolle spielt die Laparoskopie auch bei der Abklärung einer Sterilität, wobei die Eileiter mit einer Farbstofflösung durchspült und somit auf ihre Durchgängigkeit überprüft werden.

So geht der Arzt vor

Die Bauchspiegelung wird im Rahmen eines ambulanten oder kurzen stationären Aufenthaltes durchgeführt und erfordert eine Vollnarkose. Im Bereich der unteren Nabelgrube wird ein kleiner Schnitt von etwa 1 cm Länge gesetzt. Mit einer speziellen Nadel geht der Operateur dann in den Bauchraum hinein und füllt diesen mit etwa 3–4 Litern Kohlensäuregas auf. Dadurch wird erreicht, daß sich die Bauchdecken von den darunter liegenden Darmschlingen abheben und genügend freier Raum für die anschließende Spiegelung entsteht. Als nächstes wird eine 5–10 mm dicke Hülse (Trokar) durch den Schnitt in der Nabelgrube in den Bauchraum eingeführt. Mit einem stabförmigen optischen Instrument (Laparoskop), an das eine Kaltlichtquelle angeschlossen ist, läßt sich nun der gesamte Bauchraum betrachten. Moderne Laparoskopieeinheiten arbeiten mit einer sogenannten Videokette, bei der das Bild aus dem Bauchraum über eine Spezialkamera aufgenommen und auf einen Monitor übertragen wird.

Um tatsächlich alle Bereiche des Bauchraumes und des kleinen Beckens einsehen zu können, ist es häufig erforderlich, einen zusätzlichen kleinen Einstich im Schamhaarbereich vorzunehmen und dort eine weitere Operationshülse einzuführen. Mit Hilfe eines Taststabes oder einer feinen Faßzange lassen sich dann störende Darmschlingen zur Seite schieben, die die genaue Beurteilung von Gebärmutter und Eierstöcken behindern können.

Die Laparoskopie hat den großen Vorteil, daß sie sich übergangslos von einer diagnostischen zu einer therapeutischen Methode ausweiten

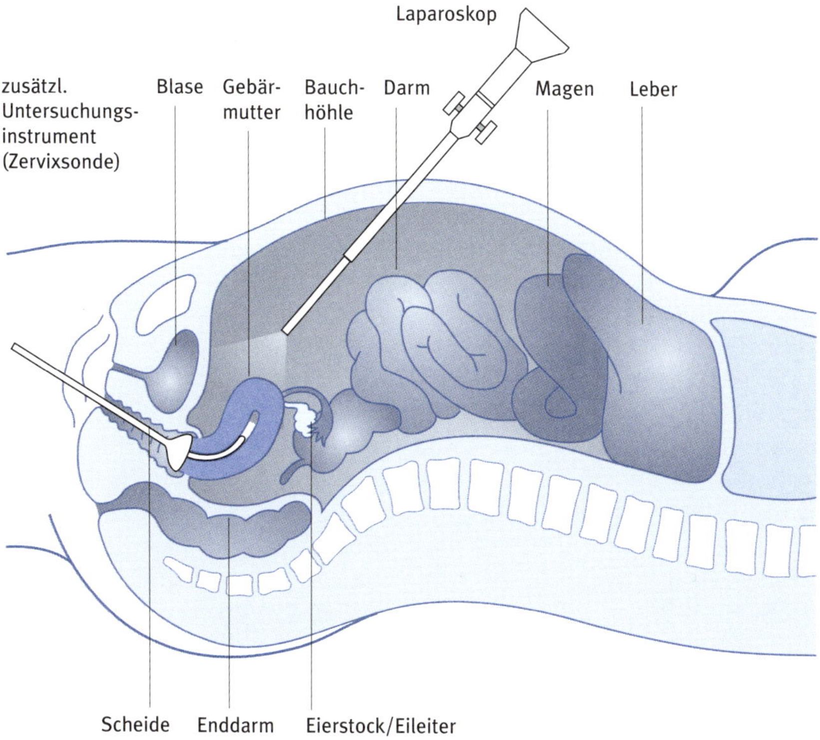

Abb. 14: Vorgehen bei der Laparoskopie.

läßt. Die enormen Fortschritte, die in diesem Bereich in den letzten Jahren gemacht wurden, erlauben es inzwischen, eine Vielzahl von gynäkologischen Operationen, die früher einen Bauchschnitt erforderlich machten, auf diesem Wege durchzuführen (siehe Exkurs Schlüsselloch-Chirurgie S. 128).

Mögliche Komplikationen bei der Bauchspiegelung

Als Komplikation der Laparoskopie können Blutungen oder Verletzungen von Darm bzw. Blase auftreten. Solche Zwischenfälle sind in der Hand von erfahrenen Operateuren selten, machen es dann aber zumeist erforderlich, die entstandenen Verletzungen durch einen zusätzlich angelegten Bauchschnitt zu versorgen. Daher wird bei der Einverständniserklärung zur Durchführung einer Bauchspiegelung immer auf eine eventuell erforderliche Erweiterung der Operation hingewiesen. Im Rahmen des Aufklärungsgespräches muß vor der Operation ebenfalls abgeklärt werden, ob bei Vorliegen eines pathologischen Befundes in der gleichen Narkose weiteroperiert werden soll oder ob die Laparoskopie nur zur Diagnosesicherung eingesetzt wird. Eine eventuell erforderliche weitergehende Operation müßte dann zu einem späteren Zeitpunkt vorgenommen werden. Wird die Laparoskopie zu einem therapeutischen Eingriff ausgeweitet, so kann sich die Liegezeit – je nach Umfang der Operation – um ein bis zwei Tage verlängern.

Die Beschwerden nach einer Bauchspiegelung sind zumeist nur gering. Die winzigen Einstichstellen werden kaum gespürt. Gelegentlich treten jedoch Schmerzen und Verspannungen im Schulter-Hals-Bereich auf. Dies rührt daher, daß bei der Bauchspiegelung das Zwerchfell, jene dünne Muskelplatte, die den Brust- vom Bauchraum trennt, durch das Kohlensäuregas nach oben gedrückt wird. Da das Zwerchfell von Nerven versorgt wird, die im Schulter-Hals-Bereich austreten, wird der Schmerz häufig dorthin weitergeleitet.

Die verschiedenen Zyklusstörungen

Wie wir im Kapitel »Der normale weibliche Zyklus« gesehen haben, unterliegen die Monatsblutungen einer hormonellen Kontrolle durch die Eierstöcke, die ihrerseits wiederum durch höher gelegene Hirnzentren gesteuert werden (siehe Abb. 8). Viele Störungen der Blutung haben ihre Ursache daher nicht in der Gebärmutter selbst, sondern sind bedingt durch Unregelmäßigkeiten des Hormonhaushaltes. Die Tatsache, daß dieser letztlich durch das Großhirn geregelt wird, macht auch verständlich, warum psychische Belastungen häufig einen Einfluß auf die Menstruation haben.

Folgende Zyklusstörungen werden im einzelnen behandelt:

- Ausbleiben der Regelblutung (Amenorrhoe)
- verkürzte oder verlängerte Zyklen
- Zwischenblutungen
- Blutungen nach den Wechseljahren
- übermäßig starke Blutungen
- abgeschwächte Blutungen

Ausbleiben der Regelblutung (Amenorrhoe)

Als Amenorrhoe bezeichnet man das völlige Ausbleiben der Regelblutung. Man unterscheidet zwischen einer primären und einer sekundären Form. Eine primäre Amenorrhoe liegt vor, wenn ein junges Mädchen bis zu seinem 16. Lebensjahr noch keine Regelblutung bekommen hat. In diesem – glücklicherweise seltenen – Fall liegt oftmals eine chromosomale Störung vor. Gelegentlich kann es aber auch vorkommen, daß lediglich das Jungfernhäutchen verklebt ist und das Menstrualblut somit nicht abfließen kann. Diese als »Hymenalatresie« bezeichnete Störung läßt sich durch einen einzigen kleinen Schnitt, mit dem das Jungfernhäutchen eröffnet wird, beheben.

Eine sekundäre Amenorrhoe kommt natürlicherweise beim Vorliegen einer Schwangerschaft vor. Falls also bei sonst regelmäßigem Zyklus die

Periode ausbleibt, so muß als erstes an diese Möglichkeit gedacht werden. Die Bestätigung sollte möglichst rasch durch einen entsprechenden Test erfolgen. Die heute verwendeten Schwangerschaftstests zeigen ein positives Ergebnis bereits wenige Tage nach Ausbleiben der Periode an. Sie sind in jeder Apotheke erhältlich, müssen dort jedoch privat bezahlt werden. Ein Schwangerschaftstest beim Gynäkologen ist dagegen kostenlos und kann – falls er positiv ausfällt – sogleich mit einer Beratung verbunden werden.

Ebenfalls normal ist die Amenorrhoe dann, wenn die Hormonproduktion der Eierstöcke während der Wechseljahre langsam versiegt und somit auch die Menstruation ausbleibt. Die letzte von den Eierstöcken gesteuerte Periodenblutung wird auch als *Menopause* bezeichnet. Statistisch gesehen findet sie im 51. Lebensjahr statt; allerdings gibt es große individuelle Schwankungen. Häufig gehen dem völligen Ausbleiben der Regelblutung in den Wechseljahren Phasen mit unregelmäßigen Zyklen voraus, die bei manchen Frauen mit unangenehmen Blutungsanomalien verknüpft sind.

Ausgeprägte Streßsituationen sowie starke psychische oder körperliche Belastungen können ebenfalls zu einem Ausbleiben der Regelblutung führen. So finden sich Amenorrhoen häufig bei Leistungssportlerinnen. Auch die bei jungen Frauen weitverbreiteten Eßstörungen (Anorexie, also Magersucht, und Bulimie, d.h. Eß-Brech-Sucht) führen häufig zum Ausbleiben der Periode. Schließlich können Amenorrhoen auch durch innere Erkrankungen oder Störungen anderer hormonproduzierender Organe, wie zum Beispiel der Schilddrüse, bedingt sein. In jedem Fall bedarf das Vorliegen einer Amenorrhoe der genauen Abklärung durch einen Facharzt.

Verkürzte und verlängerte Zyklen

Relativ selten finden sich zu kurze bzw. zu lange Intervalle zwischen den Regelblutungen, die man auch als *Regeltempoanomalien* bezeichnet. Der normale Zyklus beträgt bekanntlich 28 Tage, wobei Schwankungen von bis zu drei Tagen völlig normal sind. Dauert der Zyklus länger als 31 Tage, spricht man von einer Oligomenorrhoe; sind die Abstände zwischen den Blutungen kürzer als 25 Tage, bezeichnet man dies als eine Polymenorrhoe. Diese Anomalien sind immer hormonell bedingt und machen normalerweise keine Beschwerden. Sie können jedoch eine Ursache für unerfüllten Kinderwunsch sein und sollten daher insbesondere unter

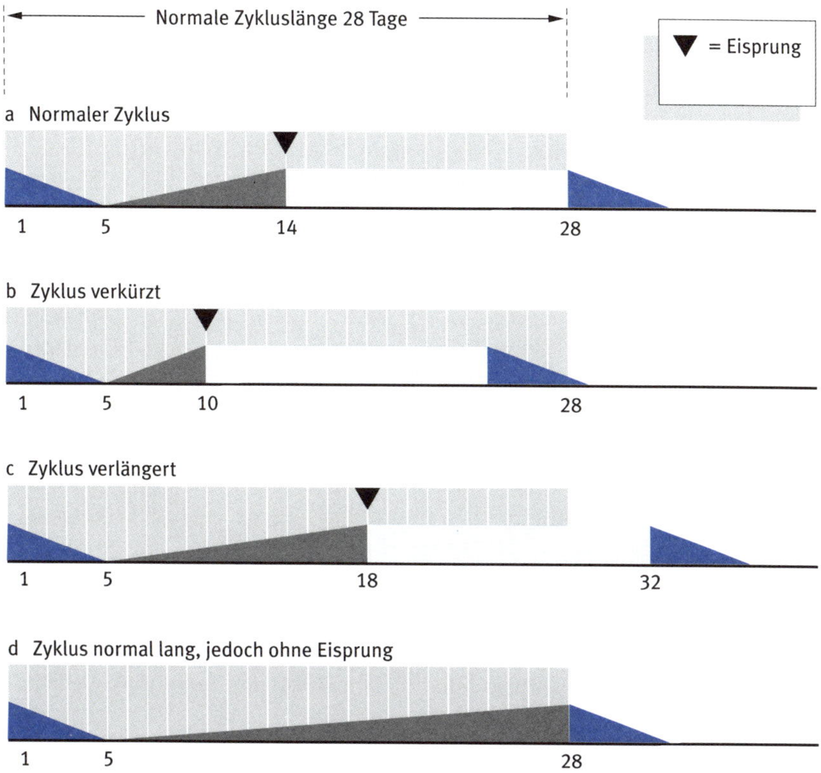

Abb. 15: Unterschiedliche Zykluslängen.

dem Gesichtspunkt abgeklärt werden, ob während dieser Zyklen ein Eisprung erfolgt.

Zwischenblutungen

Eine relativ häufige Zyklusstörung sind dagegen Zwischenblutungen, die vielfältige Ursachen haben können. In den meisten Fällen liegen den lästigen Blutungen schwankende oder unzureichende Hormonspiegel zugrunde. Wichtig für die richtige Diagnose und Therapie ist die genaue zeitliche Zuordnung der Blutungen im Zyklus. Blutungen in der ersten Zyklushälfte deuten eher auf einen Östrogen-, Blutungen in der zweiten Zyklushälfte eher auf einen Gestagenmangel hin. Beides läßt sich oft durch eine zusätzliche Gabe der entsprechenden Hormone problemlos ausgleichen. Einen sehr stabilen Zyklus ohne Zwischenblutungen haben zumeist Frauen, die Ovulationshemmer, also die Pille, einnehmen. Bei sonst schwer therapierbaren Fällen von Zwischenblutungen kann daher die kurzzeitige Gabe eines Ovulationshemmers sinnvoll sein, die dann nicht in erster Linie der Empfängnisverhütung, sondern der Zyklusstabilisierung dient. Treten unter der Einnahme der Pille Zwischenblutungen auf, so sollte der Wechsel auf ein anderes, gegebenenfalls höher dosiertes Präparat erfolgen. Blutungen während der ersten Monate beim Einnehmen einer neuen Pille sind jedoch häufig und sollten nicht gleich zum Absetzen oder Wechseln des Präparates führen. Nach drei Monaten ist meistens ein stabiler Zyklus erreicht.

Anatomische Veränderungen der Gebärmutter können ebenfalls die Ursache für Zwischenblutungen sein und dürfen keinesfalls übersehen werden. Polypen der Gebärmutterhöhle (siehe S. 100) und sogenannte submuköse Myome (siehe S. 101) sind der häufigste Grund. Beide lassen sich in den meisten Fällen im Rahmen einer vaginalen Ultraschalluntersuchung diagnostizieren. Gelegentlich ist auch eine Gebärmutterspiegelung (Hysteroskopie) erforderlich. Die Entfernung erfolgt im Rahmen einer Ausschabung bzw. eines kleinen hysteroskopischen Eingriffes, der unter Umständen sogar ambulant durchführbar ist. Genauere Informationen dazu finden Sie ab Seite 132.

Blutungen nach Verkehr sind oft durch Veränderungen im Bereich des Gebärmutterhalses bzw. Muttermundes bedingt. Häufig finden sich bei der Untersuchung sogenannte Ektopien, bei der sich die drüsige Schleimhaut des Gebärmutterhalses auf den Muttermund ausdehnt. Da diese Schleimhaut sehr empfindlich ist, kommt es dann beim Verkehr zu einer Kontaktblutung. Ektopien lassen sich durch verschiedene kleine chirurgische Eingriffe, bei denen wahlweise Hitze, Kälte oder Laserlicht eingesetzt wird, beseitigen (siehe S. 98). In einigen Fällen sind Blutungen nach Geschlechtsverkehr jedoch auch ein Zeichen für einen beginnenden Krebs des Gebärmutterhalses. Daher sollte beim Auftreten solcher Blutungen unbedingt eine gynäkologische Untersuchung erfolgen.

Blutungen nach den Wechseljahren

Das gleiche gilt auch für die sogenannten *Postmenopausenblutungen.* Darunter versteht man alle Blutungen, die länger als ein Jahr nach der Menopause, also der letzten Blutung in den Wechseljahren, auftreten. Solche Blutungen sind zumeist Ausdruck einer hormonellen Nachschwankung. Sie können jedoch auch erstes Zeichen eines Gebärmutterkörperkrebses sein. Aus diesem Grunde muß man Postmenopausenblutungen sehr ernst nehmen. Auch wenn sie nur kurzzeitig oder sehr schwach auftreten, sollten sie auf jeden Fall eine gynäkologische Untersuchung nach sich ziehen.

Zumeist wird zum sicheren Ausschluß eines Krebsleidens eine Ausschabung empfohlen.

Übermäßig starke Regelblutungen

Übermäßig starke bzw. deutlich verlängerte Regelblutungen sind ein weitverbreitetes Frauenproblem und ein häufiger Grund für Gebärmutterentfernungen. Als verstärkte Regelblutung ist ein Blutverlust von mehr als 80 ml pro Menstruationszyklus anzusehen, das entspricht etwa einem Verbrauch von vier oder mehr normalgroßen Binden bzw. Tampons pro Tag. Als verlängert gilt eine Blutung, wenn sie über eine Woche hinaus anhält. Die gynäkologische Fachliteratur unterscheidet noch einmal zwischen zu starken Regelblutungen bei normaler Blutungsdauer einerseits (Hypermenorrhoe) und einer verstärkten und zeitlich verlängerten Regelblutung andererseits (Menorrhagie). Da die Trennung in der Praxis jedoch meist nicht so klar ist und beiden Blutungsanomalien zumeist die gleichen Ursachen zugrunde liegen, sollen sie im folgenden zusammen besprochen werden.

Myome: Zu den organischen Ursachen, die für verstärkte Regelblutungen verantwortlich sind, gehören in erster Linie die auf Seite 100 besprochenen Myome. In der Tat können diese zu ausgeprägten Blutungsanomalien führen, häufig handelt es sich jedoch bei den Muskelgeschwülsten nur um harmlose Zufallsbefunde. Aufgrund ihres häufigen Vorkommens werden bei der Suche nach den Ursachen der Blutungen bei diesen Frauen häufig Myome entdeckt, ohne daß die Myome deshalb die eigentliche Blutungsursache darstellen. Vielen Gynäkologen reicht jedoch die

Kombination Blutungsanomalie und Vorliegen eines Myoms, um der Patientin eine Gebärmutterentfernung anzuraten. Da es sich in solchen Fällen so gut wie nie um eine notfallmäßige Situation handelt, die eine sofortige Operation erfordert, ist eventuell das Einholen einer zweiten Meinung sinnvoll.

Polypen: Anders verhält es sich, wenn als Blutungsursache ein Polyp identifiziert wird. Polypen sind gestielte Schleimhautgeschwülste, die ihren Ursprung in der Gebärmutterhöhle bzw. im Gebärmutterhals haben können (siehe S. 99). Im Gegensatz zu Myomen besteht bei Polypen eine gewisse Entartungstendenz. Ihre operative Entfernung ist daher erforderlich, aber auch nicht aufwendig und im Rahmen einer Ausschabung bzw. eines kleinen hysteroskopischen Eingriffes unter Erhalt der Gebärmutter möglich. Genaueres dazu lesen Sie ab Seite 132.

Endometriose: Ebenfalls zu verlängerten Blutungen kann die sogenannte Endometriose führen, die auf Seite 72 besprochen wird. Das Einwachsen von Gebärmutterschleimhaut in die Gebärmuttermuskulatur beeinträchtigt die Kontraktionsfähigkeit der Gebärmutter, also ihre Fähigkeit, sich zusammenzuziehen. Dies ist jedoch ein wesentlicher Faktor für die Blutstillung. Bei einem Vorliegen von Endometriose sind die Blutungen zumeist mit ausgeprägten Schmerzen verbunden.

Nach der Entbindung: Schließlich können auch nach einer Entbindung starke Blutungen auftreten, insbesondere dann, wenn Reste des Mutterkuchens (Plazenta) in der Gebärmutterhöhle zurückgeblieben sind.

In vielen Fällen lassen sich allerdings keine organischen Ursachen für die verstärkten Regelblutungen finden. Dann sollte zunächst eine hormonelle Therapie versucht werden. Die Gabe von Gestagenen in der zweiten Zyklushälfte oder auch als Depot (Dreimonatsspritze) ist häufig erfolgreich. Eine deutliche Verminderung der Blutungsstärke beobachten auch Frauen, die die Pille einnehmen. Insbesondere gestagenbetonte Ovulationshemmer sind gut wirksam.

Seit kurzem gibt es auch gestagenbeschichtete Intrauterinspiralen. Diese werden genauso in die Gebärmutterhöhle eingelegt wie die derzeit verwendeten kupferbeschichteten Spiralen. Während letztere jedoch die Blutungen zumeist verstärken, sollen die Gestagen-Spiralen ersten Berichten zufolge die Blutungsintensität deutlich vermindern.

Führt die hormonelle Behandlung nicht zum Ziel, kann auch eine lokale Gerinnungsstörung in der Gebärmutter die Blutungsursache sein.

Dann lohnt ein Therapieversuch mit sogenannten Antifibrinolytika, die gezielt auf das defekte Gerinnungssystem einwirken und so ihren blutungsstillenden Effekt entfalten. Die noch immer weitverbreitete Gabe von Methergin zur Blutstillung sollte allerdings der Vergangenheit angehören, da das Präparat am nichtschwangeren Uterus keinerlei Wirkung entfaltet.

Hypermenorrhoen können zu einem ernsthaften Gesundheitsproblem werden, insbesondere dann, wenn der ständige Blutverlust zu einer chronischen Anämie (Blutarmut) führt. Diese verursacht nicht nur ein Gefühl permanenter Müdigkeit, sondern kann auch gravierende Herz-Kreislauf-Probleme nach sich ziehen.

Über organerhaltende chirurgische Maßnahmen bei übermäßig starker Periodenblutung informiert ein gesondertes Kapitel ab S. 136.

Abgeschwächte Blutungen

Hypomenorrhoen sind abgeschwächte Blutungen. Sie können bei jungen Mädchen oder vor den Wechseljahren vorkommen. Auch als Folge einer Entzündung der Gebärmutterhöhle oder nach einer sehr scharfen Ausschabung mit anschließender Verklebung der Gebärmutterwände können sie auftreten. Pillenanwenderinnen sind gelegentlich beunruhigt, wenn unter dem Ovulationshemmer die Blutung allzusehr reduziert wird. Der Wechsel auf ein anderes, östrogenbetonteres Präparat beseitigt dieses Problem meist schnell und nachhaltig.

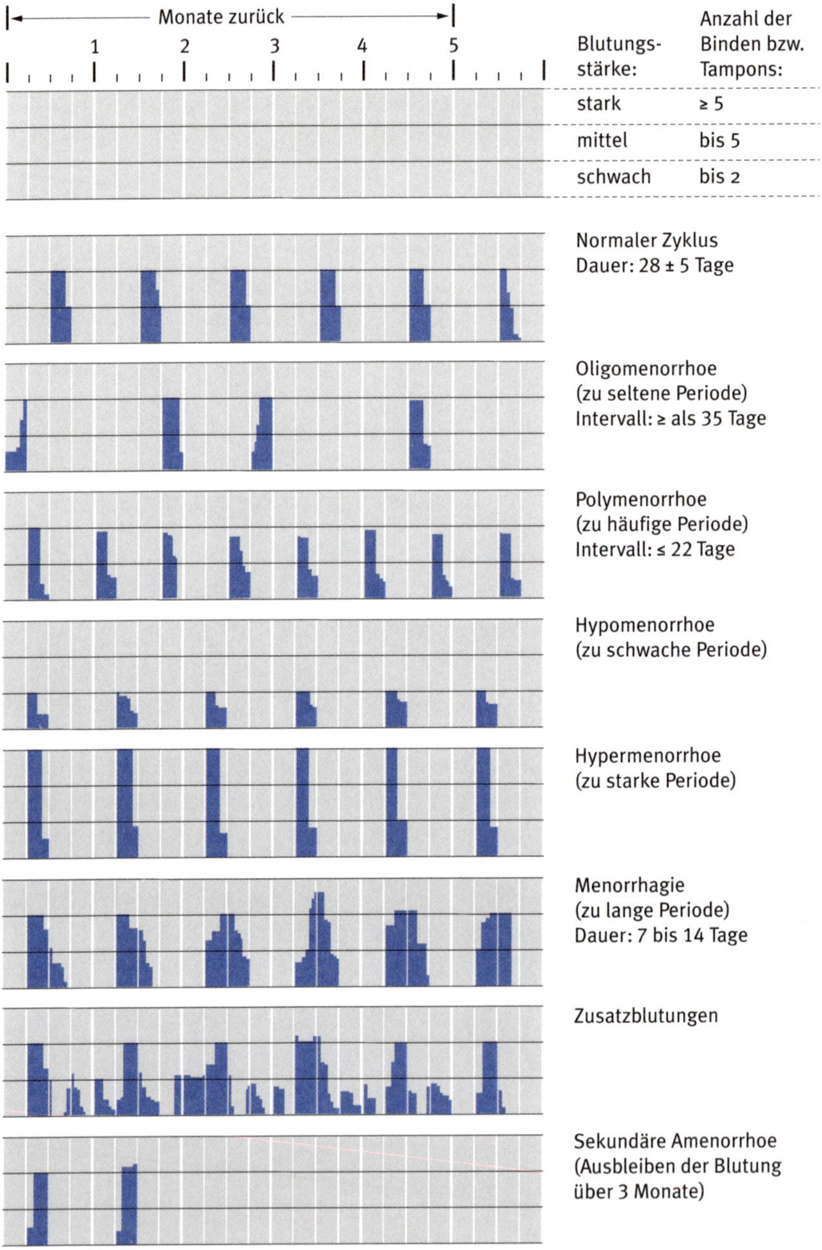

Abb. 16: Zyklusstörungen.

Schmerzhafte Regelblutungen (Dysmenorrhoe)

Das Auftreten der krampfartigen Unterleibsschmerzen ist prinzipiell unabhängig von eventuell ebenfalls vorliegenden Blutungsstörungen. Der Fachbegriff für menstruationsbedingte Schmerzen lautet Dysmenorrhoe. Unter Dysmenorrhoen leiden auch Frauen mit völlig regelmäßigem Zyklus und eher kurzen Blutungszeiten.

Zwei verschiedene Formen lassen sich unterscheiden. Die primäre Dysmenorrhoe setzt bereits in der Jugend mit den ersten Menstruationen ein und wiederholt sich dann Zyklus für Zyklus etwa mit der gleichen Intensität. Bei der sekundären Dysmenorrhoe treten die Schmerzen erst in einem späteren Lebensabschnitt auf. Nicht selten verschlimmern sich dann die Beschwerden im Laufe der Zeit.

Für die primäre Dysmenorrhoe lassen sich nur selten organische Ursachen finden. Eine früher häufig als Grund angeschuldigte sogenannte Retroflexio uteri, bei der die Gebärmutter nach hinten abgeknickt ist, wird heute völlig zu Recht als eine belanglose Normvariante angesehen, die keinerlei Krankheitswert hat (siehe hierzu auch Kapitel »Lageveränderungen der Gebärmutter«).

Das offensichtliche Fehlen organischer Ursachen führte insbesondere in den 60er Jahren zu einer Fülle psychologischer Erklärungsversuche für die schmerzhaften Regelblutungen. So wurden Dysmenorrhoen als Ausdruck der Ablehnung der eigenen Frauenrolle angesehen, als Folge unerfüllten Kinderwunsches etc. Das gehäufte familiäre Auftreten führt auch zu der These, Dysmenorrhoen würden Töchter von ihren Müttern sozusagen »erlernen«.

Vielen Frauen, die Monat für Monat unter starken Schmerzen litten und glaubhaft versicherten, durchaus keine Probleme mit ihrer Frauenrolle zu haben, war mit solchen Theorien wenig geholfen. Neuere Forschungen scheinen nun endgültig die Ursache für Dysmenorrhoen aufgedeckt zu haben.

Die Rolle der Prostaglandine

Eine Schlüsselrolle kommt offensichtlich den sogenannten Prostaglandinen zu. Dies sind Gewebehormone, die eine starke Wirkung auf die glatte Muskulatur haben. Sie sind unter anderem für die Wehentätigkeit unter der Geburt von großer Bedeutung. Prostaglandine spielen jedoch auch eine wichtige Rolle als sogenannte Schmerzmediatoren, das heißt als Botenstoffe, die Schmerzrezeptoren aktivieren. Im Menstruationsblut von Frauen mit ausgeprägter primärer Dysmenorrhoe konnten nun diese Prostaglandine in bis zu zehnfach höherer Konzentration nachgewiesen werden, als sie normalerweise bei beschwerdefreien Frauen vorliegt.

Dieser Umstand erklärt auch die seit langem bekannte Tatsache, daß sogenannte Prostaglandinsynthesehemmer wie Azetylsalizylsäure, der Wirkstoff von Aspirin® oder Ibuprophen bei Dysmenorrhoen sehr gut wirksam sind. Allerdings haben diese Medikamente nicht unerhebliche Nebenwirkungen, angefangen bei allgemeiner Übelkeit bis hin zu Schädigungen des Magen-Darm-Traktes. Ihre dauerhafte Anwendung über Jahre hinaus sollte daher möglichst vermieden werden. Der Einsatz von Ovulationshemmern ist eine gute Alternative für Frauen, die gleichzeitig eine Empfängnisverhütung wünschen, da die Unterdrückung des Eisprunges ebenfalls die Konzentration von Prostaglandinen vermindert. Pillenanwenderinnen geben häufig eine erstaunliche Besserung ihrer Menstruationsbeschwerden durch die Ovulationshemmer an.

Bei der sogenannten sekundären Dysmenorrhoe, die häufig erst jenseits des 30. Lebensjahres einsetzt, sollte dagegen eine sehr genaue Abklärung auf organische Ursachen erfolgen. Nicht selten sind diese Menstruationsbeschwerden Ausdruck einer Endometriose. Dabei handelt es sich um ein Krankheitsbild, bei dem die Gebärmutterschleimhaut (Endometrium), die normalerweise die Gebärmutterhöhle auskleidet, sich versprengt an anderen Stellen des kleinen Beckens befindet (siehe Kapitel »Endometriose – wenn Gebärmutterschleimhaut verstreut ist«). Typische Lokalisationen, an denen sich solche »Endometrioseherde« festsetzen, sind zum Beispiel die Eierstöcke oder die zum Kreuzbein hin laufenden Mutterbänder. Auch in die Muskulatur der Gebärmutter kann die Schleimhaut einwachsen. Im medizinischen Fachjargon bezeichnet man diese Sonderform der Endometriose als Adenomyosis uteri.

Da die Endometrioseherde auf Hormone ähnlich reagieren wie die normale Gebärmutterschleimhaut, kommt es während der Menstruation zu einer Blutung in das anliegende Gewebe, was zumeist starke, von Periode zu Periode zunehmende Schmerzen nach sich zieht. Aber auch entzündliche Veränderungen können eine Ursache für die sekundäre Dysmenorrhoe sein. In jedem Fall ist eine genaue gynäkologische Untersuchung notwendig, um eine organische Gebärmuttererkrankung nicht zu übersehen. Erst wenn diese sicher ausgeschlossen ist, sollten symptomatische, schmerzlindernde Therapiekonzepte zum Einsatz kommen.

Was Sie selbst gegen Schmerzen bei der Periode tun können

Neben den bereits erwähnten Prostaglandinsynthesehemmern steht eine Vielzahl naturheilkundlicher und alternativer Möglichkeiten zur Verfügung, Menstruationsschmerzen sanft und natürlich zu behandeln. Der Versuch, die stets wiederkehrenden Beschwerden zunächst mit dieser »sanften Medizin« selbst in den Griff zu bekommen, lohnt auf jeden Fall, bevor zu den stärker wirkenden, aber auch nebenwirkungsreicheren Schmerzmitteln gegriffen wird.

Wärmeflasche und warme Wickel: Ein ebenso altes wie bewährtes Hausmittel ist die Anwendung lokaler Wärme. Mit Hilfe der Wärmflasche läßt sich diese genau an den gewünschten Punkt bringen. Noch wirksamer sind feuchtwarme Wickel. Dazu wird ein Handtuch in warmes Wasser eingetaucht, nach Wunsch können noch zusätzliche Heilpflanzenextrakte wie Rosmarin oder Melisse zugesetzt werden.

Dann wird das Tuch ausgewrungen und mit einem trockenen Tuch darüber auf den Unterbauch gelegt. Die Anwendungsdauer sollte mindestens 30 Minuten betragen.

Magnesium hat einen nachgewiesenermaßen krampflösenden Effekt. Es findet sich in den meisten Getreidearten, aber auch in Kartoffeln, Mais oder Spinat. Allerdings läßt sich die zur Behandlung von Regelschmerzen notwendige Menge allein über die Nahrungszufuhr nicht decken. Die zusätzliche Einnahme eines Magnesiumpräparates (250 mg zweimal täglich) wenige Tage vor und während der Menstruation lindert die Schmerzen in den meisten Fällen deutlich. Gleichzeitig ist Magnesium auch gut wirksam gegen migräneartige Kopfschmerzen, die häufig mit der Dysmenorrhoe einhergehen.

Heilpflanzen: Bei der Behandlung der schmerzhaften Regelblutung haben sich insbesondere das Gänsefingerkraut und die Schafgarbe bewährt. Beide Präparate gibt es sowohl in Tropfenform als auch in Dragees. Sehr empfehlenswert ist es auch, die Substanzen in Form von Tees zu sich zu nehmen, da hierdurch zusätzlich ein entwässernder Effekt entsteht. In vielen homöopathischen Mischpräparaten werden Schafgarbe und Gänsefingerkraut mit Magnesium kombiniert.

Entspannung: Darüber hinaus wirken sich alle allgemein entspannungsfördernden Maßnahmen positiv auf die Dysmenorrhoe aus. Dies kann von einem warmen Bad bis zu gezielten Entspannungsübungen wie

Joga oder Autogenem Training reichen. Auch die Akupunktur hat sich bewährt, sie sollte allerdings unbedingt von einem erfahrenen Therapeuten durchgeführt werden.

Free Lady: Schließlich ist seit einiger Zeit unter dem Handelsnamen »Free Lady« ein Minigerät auf dem Markt, das sich in den Slip einklippen läßt. Nach Angaben des Herstellers werden dabei »sanfte elektrische Felder zur Neutralisierung des Schmerzzentrums eingesetzt und wirken in Minuten«.

Was im Einzelfall die Menstruationsbeschwerden tatsächlich lindert – Hormone, Homöopathie oder High-Tech im Höschen –, muß sicherlich individuell ausprobiert werden. Gerade bei sogenannten »alternativen« Verfahren hängt die Wirksamkeit der Methode nicht zuletzt auch von Ihren persönlichen Vorlieben ab.

Das prämenstruelle Syndrom (PMS)

Vielen Frauen bereitet nicht so sehr die Menstruation selber Probleme, sondern eher die Zeit davor. Nervosität, Reizbarkeit, innere Unruhe und Depressionen bestimmen für sie die »Tage vor den Tagen«. Als körperliche Symptome können Übelkeit, Kopfschmerzen, Ödeme, Spannungsgefühle in den Brüsten und Unterleibsschmerzen hinzukommen. Mit dem Einsetzen der Periode verschwinden diese Symptome meist schlagartig. Die Gesamtheit der Beschwerden bezeichnet man als prämenstruelles Syndrom (PMS).

Neueren Statistiken zufolge sind etwa 30 % aller Frauen davon betroffen. Bei der überwiegenden Mehrheit ist das PMS nicht viel mehr als eine unangenehme Befindlichkeitsstörung. Ca. 5 % leiden jedoch so stark unter den Beschwerden, daß man von einer echten Erkrankung sprechen muß.

Um so erstaunlicher ist die Tatsache, daß das prämenstruelle Syndrom in der deutschsprachigen wissenschaftlichen Literatur relativ wenig Beachtung findet. In vielen Lehrbüchern der Gynäkologie wird es gar nicht oder nur als Fußnote erwähnt. Im englischsprachigen Ausland dagegen ist PMS seit langem ein fester Begriff. Und es ist nicht nur für die betroffenen Frauen und ihre Ärzte von Interesse. Auch juristisch erlangt das PMS zunehmende Bedeutung.

So haben Untersuchungen in den USA gezeigt, daß 84% der weiblichen Gewaltverbrecherinnen zum Zeitpunkt der Tat kurz vor der Periode standen. Einer 37jährigen Frau in England, die ihren Liebhaber erschlug, billigte das Gericht mildernde Umstände zu, nachdem ihr ein ärztlicher Gutachter ein ausgeprägtes prämenstruelles Syndrom bescheinigt hatte und die Tat kurz vor der Periode verübt wurde.

Auch wenn das Erschlagen von Ehemännern und/oder Liebhabern wohl eher zu den Ausnahmefällen innerhalb der Symptomatik des prämenstruellen Syndroms gehört, so bleibt doch festzuhalten, daß der von dieser Erkrankung ausgehende Leidensdruck außerordentlich groß sein kann und häufig Personen in der unmittelbaren Umgebung der Betroffenen – Familienangehörige oder Berufskollegen – zu »Mitleidenden« macht.

Als Ursache des PMS werden heute zumeist Schwankungen im Verhältnis von Östrogenen zu Gestagenen angesehen. Während die zweite Zyklushälfte normalerweise gestagendominiert ist, scheint bei Frauen, die unter einem prämenstruellen Syndrom leiden, die Wirkung der Östrogene zu stark bzw. zu lange anhaltend zu sein. Die zyklische Gabe von Gestagenen in der zweiten Zyklushälfte kann daher häufig Besserung bringen. Stehen Ödeme oder ein schmerzhaftes Spannungsgefühl in den Brüsten im Vordergrund, sind auch leicht entwässernde Medikamente hilfreich.

Wichtig ist jedoch auch hier eine saubere Diagnostik und eine klare Abgrenzung gegen andere Krankheitsbilder. Nicht selten tritt nämlich das prämenstruelle Syndrom in seiner vollen Ausprägung erst im 4. Lebensjahrzehnt auf. Die teilweise ähnlichen Symptome werden dann als Wechseljahrsbeschwerden gedeutet. Während letztere jedoch eine Hormonmangelerscheinung sind und durch die zusätzliche Gabe von Östrogenen behandelt werden, würde eine solche Therapie beim prämenstruellen Syndrom, dem ja gerade ein relativer Östrogenüberschuß zugrunde liegt, die Beschwerden eher verschlimmern.

Was Sie selbst dagegen tun können

Doch auch bei richtig gestellter Diagnose ist die hormonelle Therapie des PMS in der Praxis häufig unbefriedigend, da bei schwankenden Hormonspiegeln eine maßgeschneiderte Hormongabe sehr schwierig ist. Sinnvoll ist es daher, durch Änderungen in der Lebensführung eine Besserung der Beschwerden zu erzielen.

- Leichte sportliche Betätigung und gezielte Entspannungsübungen (Yoga, Autogenens Training) könnnen sich schmerzlindernd auswirken.

- Eine Ernährungsumstellung kann sich sehr positiv auswirken. Verstopfung und Völlegefühl sind häufig Leitsymptome des PMS. Schwerverdauliche Speisen, die reich sind an tierischen Fetten oder Weißmehl sowie extrem zuckerhaltige Produkte sollten Sie daher meiden. Auch Alkohol und insbesondere Koffein verschlechtert die Symptomatik. Günstig sind dagegen frisches Obst, Gemüse, Säfte sowie ballaststoffreiche Nahrung. Ungesättigte Fettsäuren – wie sie vor allem in Fisch und kalt gepreßten Pflanzenölen vorkommen – wirken sich ebenfalls positiv aus.
- Falls vor der Periode vermehrt Wassereinlagerungen (Ödeme) auftreten, sollten Sie darauf achten, in dieser Zeit möglichst salzarm zu essen und auch verdeckte Salzmengen, z.B. in Wurst, Schinken oder Fertiggerichten, zu meiden. Statt dessen ist es günstig, dem Körper möglichst viel Kalium in Form von Bananen, Gemüse oder Trockenobst zuzuführen.
- Bei ausgeprägten Ödemen empfiehlt es sich, einen Reis-Obst-Tag einzulegen, der besonders gut entwässert. Hierzu werden 300 g salzlos gekochter Vollkornreis mit 1 kg gekochten Äpfeln kombiniert und in 4–5 Portionen über den Tag verteilt.
- Als allgemeine Nahrungsergänzung haben sich darüber hinaus Vitamin-B-Präparate bewährt. Insbesondere Vitamin B6 wirkt sich günstig aus. Es sollte in einer Dosierung von 100–200 mg täglich über mindestens 6 Monate eingenommen werden.
- Eine schon nahezu klassische Indikation bei der Therapie des prämenstruellen Syndroms hat der Mönchspfeffer (Vitex agnus castus). Er ist bereits seit dem Mittelalter in der Frauenheilkunde bekannt. Seinen guten Erfolg bei der Behandlung prämenstrueller Beschwerden verdankt er seiner gestagenartigen Wirkung, die zu einer Harmonisierung des hormonellen Gleichgewichtes führt. Insbesondere auch die häufig unangenehmen Spannungsgefühle in den Brüsten bessern sich unter einer Mönchspfefferbehandlung. Der Effekt tritt jedoch nicht umgehend ein, sondern macht sich zumeist erst nach 2–3 Monaten nachhaltig bemerkbar. Mönchspfefferpräparate gibt es unter einer Vielzahl von Handelsnamen sowohl in Kapseln als auch in Tropfenform.

Die Menstruation – von Monden, Mythen und Männerphantasien

Der Begriff »Menstruation« leitet sich ab vom lateinischen Wort »menses«, was »Monat« bedeutet und sprachlich eng verwandt mit dem »Mond« ist. Der 28tägige Zyklus des Mondes war nämlich ursprünglich Maßeinheit des Monats. 28 Tage beträgt aber auch der weibliche Zyklus. Ein Zufall?

Wohl kaum. Bei manchen afrikanischen Völkern und anderen traditionellen Kulturen, die noch eng verbunden mit der Natur leben, läßt sich ein interessantes Phänomen beobachten. Die Frauen in diesen Gemeinschaften, die häufig auf engem Raum miteinander leben, menstruieren alle zur gleichen Zeit, zumeist bei Neumond. Die fruchtbarsten Tage in ihrem Zyklus fallen somit in die Phase des Vollmondes, was zu Zeiten, als das elektrische Licht noch nicht erfunden war, die Partnersuche sicherlich erleichterte. Nicht umsonst wird der Mond seit Jahrhunderten in Gedichten und Liedern mit romantischen und erotischen Gefühlen in Zusammenhang gebracht.

Nun hat sich das naturnahe Leben in den letzten Jahrzehnten eher rückläufig gestaltet, und das gemeinsame Schlafen größerer Frauengruppen unter freiem Himmel ist in westlichen Großstädten durchaus nicht unproblematisch. Die grenzenlose Erfindungsgabe der Amerikaner hat aber auch hier Abhilfe geschaffen. Sie entwickelten eine Nachttischlampe, die das Leuchtverhalten des Mondes imitiert und somit im Schlafzimmer wechselweise für zu- oder abnehmendes Licht sorgt. Frauen, die an Zyklusstörungen oder an Störungen der Fruchtbarkeit litten, berichteten nach einem halben Jahr »mondgesteuerten Schlafens« über gute Erfolge bei der Zyklusstabilisierung und manch erfüllten Kinderwunsch durch »Lunazeption«.

Die genauen biologischen Abläufe des weiblichen Zyklus sind zwar erst seit wenigen Jahrzehnten erforscht, die Zusammenhänge zwischen Menstruation und Fruchtbarkeit waren aber schon alten und ältesten Kulturen bekannt. Vielfach wurden sie zum Ausgangspunkt ritueller Handlungen. So haben wahrscheinlich archaische Blutopfer im Rahmen von Fruchtbarkeitsriten eine enge mystische Verbindung zur Monatsblutung und damit zur lebensspendenden Kraft der Frau. Frühzeitig zeigen sich aber auch in manchen Religionen Tendenzen, die Menstruation als etwas »Unreines« zu betrachten und zu tabuisieren.

Im Alten Testament heißt es hierzu: »Hat eine Frau Blutfluß und ist solches Blut an ihrem Körper, so soll sie sieben Tage lang in der Unreinheit ihrer Regel verbleiben. Wer sie berührt, ist unrein bis zum Abend.« (3. Buch Moses,15:19). Im Islam ist es menstruierenden Frauen noch heute verboten, eine Moschee zu besuchen oder an anderen religiösen Aktivitäten teilzunehmen. Bei manchen traditionellen Religionen werden Frauen für die Dauer ihrer Menstruation sogar völlig aus der dörflichen Gemeinschaft ausgeschlossen und müssen diese Tage in speziell dafür hergerichteten Häusern verbringen.

Natürlich ist es richtig, daß hinter solchen Vorschriften – wie hinter manch anderen Tabus – zunächst hygienische Gesichtspunkte standen, die dann religiös überhöht wurden. Richtig ist aber auch, daß diese Menstruationstabus in männerdominierten Religionsgemeinschaften häufig einen frauenfeindlichen Charakter annahmen und dazu benutzt wurden, das weibliche Selbstwertgefühl zu unterdrücken. So brachte etwa die Kirche des Mittelalters die Menstruation eng mit dem Sündenfall in Verbindung und betrachtete sie als Strafe für den Fehltritt Evas. Entsprechend einer seit dem Altertum verbreiteten Ansicht ist das Menstruationsblut nicht nur »unrein«, sondern sogar giftig. Dieser These zufolge ist der monatliche Blutfluß für den weiblichen Körper notwendig, um ihn zu reinigen und von schädlichen Substanzen zu befreien. Die giftigen Ausscheidungen machen menstruierende Frauen aber auch ganz besonders gefährlich. Im Volksglauben besitzen sie z.B. die Fähigkeit, Blumen welken und ganze Felder verdorren zu lassen. Machen sie Obst ein, so verdirbt dieses, haben sie mit Milch zu tun, so wird sie sauer. Wie nachhaltig solche Ansichten wirken, kann man nicht zuletzt an der Tatsache ersehen, daß in bestimmten Bereichen der Lebensmittelindustrie noch bis vor kurzem Beschäftigungseinschränkungen für menstruierende Frauen galten.

Ende des 19. Jahrhunderts beschäftigten sich Ärzte gerne mit der angeblich »nervösen Überreizung« von Frauen. Nicht selten dienten ihre Thesen über das »schwache Geschlecht« dazu, dieses auch möglichst schwach zu halten. Paternalistisch gestimmte Professoren machten sich öffentlich Sorgen darüber, daß mit der Menstruation der ohnehin schwächlichen Konstitution des Weibes zusätzliche Lebensenergie entzogen werde. Insbesondere die Belastungen einer höheren Schulbildung oder gar eines Universitätsbesuches sollte man Frauen daher nicht zumuten. So wurde etwa anno 1895 auf einem Internationalen Gynäkologenkongreß in Washington verkündet, daß »jedes Anzapfen jeglicher nervöser Kräfte die Menstruation bei jungen Mädchen sehr ungünstig beeinflussen kann. Und das Unterrichtsverfahren in den Schulen trägt wesentlich zu Menstruationsstörungen bei«. Auf die Frage, ob die damals auch für Frauen üblichen 12 bis 14 Arbeitsstunden täglich in der Fabrik oder in der Landwirtschaft nicht vielleicht eine viel größere Belastung darstellten, ging der Referent naturgemäß nicht weiter ein.

Nun ist durch die hohe Zahl weiblicher Hochschulabgänger, die seitdem ohne größere Zyklusstörungen die Universitäten verlassen hat, die These, eine akademische Ausbildung führe zu Unfruchtbarkeit, weitgehend widerlegt. Daß allerdings kein Vorurteil jemals endgültig ausstirbt, bewies erst vor kurzem der Fall einer 45jährigen Patientin, die sich wegen starker Blutungen einer Uterus-Ballon-Therapie unterzogen hatte. Als sie wenige Monate später ihrem Hausarzt glücklich berichtete, daß sie durch den Eingriff völlig blutungsfrei geworden sei, teilte dieser der entsetzten Frau mit, daß sie nun wohl mit ihrem baldigen Ende rechnen müsse. Da ihr Körper jetzt keine Möglichkeit mehr habe, sich über das Menstruationsblut zu reinigen, werde sie in den nächsten Monaten allmählich mit Toxinen (Giftstoffen) überschwemmt werden. Nach Aussage der Patientin gibt der Arzt glaubhaft an, sein Staatsexamen im 20. Jahrhundert an einer deutschen Universität abgelegt zu haben.

Entzündungen im Genitalbereich

Entzündungen im Genitalbereich sind nur in wenigen Fällen allein auf die Gebärmutter beschränkt. Zumeist sind auch andere Geschlechtsorgane wie Scheide, Eileiter und Eierstöcke mitbetroffen, wobei insbesondere die Entzündung der Eileiter akute Beschwerden und starke Schmerzen auslösen kann.

Das Spektrum genitaler Infektionen hat sich in den letzten Jahren stark gewandelt. Die klassischen Geschlechtskrankheiten wie Syphilis und Tripper (Gonorrhoe) werden in Deutschland kaum noch gesehen. Dagegen erlangen andere sexuell übertragbare Erkrankungen, wie z.B. Chlamydieninfektionen, zunehmende Bedeutung. Die gezielte Suche nach solchen Erregern ist inzwischen fester Bestandteil der Schwangerenvorsorge. Bei gynäkologischen Routine- und Vorsorgeuntersuchungen gibt ein orientierender »Nativ-Abstrich« Hinweise darauf, ob Entzündungen im Genitalbereich vorliegen.

Leitsymptom fast aller gynäkologischen Infektionen ist ein vermehrter Ausfluß (Fluor), häufig verbunden mit einem brennenden und juckenden Gefühl im Genitalbereich. Treten zusätzlich Fieber und Unterbauchschmerzen auf, so deutet dies auf eine aufsteigende Infektion mit Beteiligung der Eileiter hin. Eine konsequente antibiotische und entzündungshemmende Therapie sollte in diesem Fall umgehend eingeleitet werden. Werden Eileiterentzündungen nicht oder nicht ausreichend behandelt, so droht nicht nur eine Chronifizierung des Leidens, sondern auch eine Verklebung der Eileiter selbst und damit eine eventuelle Sterilität.

Die Candidamykose

In den meisten Fällen bleiben die Entzündungen jedoch auf die Scheide beschränkt. Pilzinfektionen z.B. sind ein verbreitetes und wegen der hohen Rückfallneigung auch sehr lästiges Frauenleiden. Fast immer handelt es sich um Hefepilze der Gattung Candida, weshalb man auch von einer Candidamykose spricht. Der Ausfluß hat hierbei häufig ein typisch weißliches, zumeist auch bröckeliges Aussehen, das in manchen Lehrbüchern etwas unappetitlich als »hüttenkäseartig« beschrieben wird. Eine Behandlung über wenige Tage mit lokal wirkenden Vaginalzäpfchen ist zumeist ausreichend.

Die Aminkolpitis

Eine weitere Infektion, die ebenfalls auf die Scheide beschränkt ist, stellt die sogenannte Aminkolpitis dar. Sie läßt sich zumeist mit der Nase diagnostizieren. Ihr Ausfluß weist nämlich einen sehr charakteristischen fischartigen Geruch auf. Bei der Aminkolpitits wird die normale Scheidenflora, die hauptsächlich aus den milchsäureproduzierenden Döderleinschen Stäbchen besteht, zunehmend von anderen Bakterien überwuchert, deren Hauptvertreter den klangvollen Namen »Gardnerella vaginalis« trägt.

Strenggenommen handelt es sich bei der Aminkolpitis also weniger um eine Entzündung als vielmehr um eine bakterielle Fehlbesiedelung der Scheide. Aus diesem Grunde sprechen einige Gynäkologen auch terminologisch richtiger von einer »bakteriellen Vaginose«.

Wie wird behandelt?

Wichtig ist bei solchen Erkrankungen nicht nur die gezielte Behandlung der krankheitsauslösenden Keime, sondern vor allem die anschließende Wiederherstellung der normalen Scheidenflora. Hierzu müssen die milchsäureproduzierenden Döderleinschen Stäbchen wieder angesiedelt werden. Dies ist mit Hilfe einiger Vaginalzäpfchen zumeist problemlos möglich. Wer es besonders alternativ liebt, kann sich auch täglich einen joghurtgetränkten Tampon in die Scheide einführen. Dabei sollte allerdings darauf geachtet werden, nur Joghurtformen mit lebenden Bakterienkulturen zu verwenden – andernfalls ist der Effekt gleich null.

Sowohl Pilzinfektionen als auch Aminkolpitis führen nicht zu einer Mitbeteiligung der Gebärmutter. Andere Keime wie Gonokokken, Chlamydien oder auch bestimmte Darmbakterien können sich dagegen in der Schleimhaut des Gebärmutterhalses festsetzen und dort entzündliche Veränderungen bewirken (Zervizitis; Endsilbe -itis steht für Entzündung). Auch ein Virusbefall des Gebärmutterhalses durch Herpes- oder Papillomaviren ist möglich.

Ist die Gebärmutter mitbeteiligt?

Akute Entzündungen gehen zumeist mit einem starken Ausfluß, heftigen Schmerzen und Fieber einher. Sie zu erkennen ist nicht schwierig. Oftmals ist der Verlauf jedoch chronisch mit einem sich über lange Zeit hinziehenden Fluor. Da man anhand des Ausflusses allein nicht sagen kann, ob lediglich eine Infektion der Scheide vorliegt oder ob der Fluor aus dem Gebärmutterhals kommt, ist zur Abklärung immer eine gynäkologische Untersuchung mit Einstellung des Muttermundes und gezielter Abstrichentnahme erforderlich. Während bei Scheideninfektionen zumeist eine lokale Behandlung mit einigen Vaginalzäpfchen ausreicht, machen Entzündungen des Gebärmutterhalses häufig eine systemische antibiotische Therapie erforderlich, d.h. es müssen Antibiotika geschluckt werden.

Besonders hartnäckig sind virusbedingte Infektionen. Wie von den weitverbreiteten Bläscheninfektionen der Lippe bekannt, haben Herpesviren die Fähigkeit, in Nervenzellen monate- oder gar jahrelang zu überdauern, um dann – z.B. im Rahmen einer allgemeinen Abwehrschwäche des Körpers – erneut einen Infektionsschub auszulösen. Auf den Zusammenhang zwischen Papillomavirusinfektion und Gebärmutterhalskrebs geht das entsprechende Kapitel ab Seite 108 ein.

Infektionen des Gebärmutterkörpers

Zu einer Infektion des Gebärmutterkörpers (Endometritis) kommt es zumeist im Rahmen aufsteigender Entzündungen, die dann häufig das ganze innere Genitale befallen und vor allem im Bereich der Eileiter zu starken Schmerzen führen. Wie bereits erwähnt, ist in diesen Fällen eine konsequente antibiotische Therapie von großer Bedeutung.

Eine alleinige Entzündung des Gebärmutterkörpers kann dann auftreten, wenn nach einer Geburt Teile der Plazenta in der Gebärmutterhöhle zurückbleiben bzw. nach einer Fehlgeburt nicht alle Schwangerschaftsreste entfernt werden. Sehr selten kommt es zu einer Endometritis auch in Folge einer Ausschabung, wenn im Rahmen dieses Eingriffes Keime in die Gebärmutterhöhle verschleppt wurden.

Die Behandlung besteht in der Gabe von Antibiotika und sogenannten Kontraktionsmitteln, die ein Zusammenziehen der Gebärmutter bewirken. Sind zurückgebliebene Schwangerschaftsreste der Entzündungsgrund, so ist zumeist eine zusätzliche Ausschabung erforderlich, um diese Reste vollständig zu beseitigen. Entzündungen des Gebärmutterkörpers bei älteren Frauen sind selten, müssen aber sehr ernstgenommen werden, da sie ein erstes Zeichen für einen Gebärmutterkrebs sein können. Die durch das Krebswachstum zerstörten Schleimhautzellen können bei älteren Frauen manchmal nicht mehr abgestoßen werden, da der Gebärmutterhals verklebt ist. So bleiben sie in der Gebärmutterhöhle zurück.

Bedingt durch den Tumorzerfall, kommt es zu einer Entzündung, und in der Gebärmutterhöhle sammelt sich Eiter an (Pyometra), der sich häufig erst im Rahmen einer Ausschabung entleert. Selbstverständlich steht in diesem Fall nicht die Behandlung der Infektion, sondern die der zugrundeliegenden Krebserkrankung im Vordergrund.

Endometriose – wenn Gebärmutterschleimhaut verstreut ist

Unter Endometriose versteht man das Auftreten von Gebärmutterschleimhaut (Endometrium) außerhalb der Gebärmutterhöhle. Endometrioseherde finden sich z.B. in der Gebärmuttermuskulatur, im Bereich von Eileitern und Eierstöcken, auf den Mutterbändern oder auf dem Bauchfellüberzug des kleinen Beckens. In seltenen Fällen lassen sich

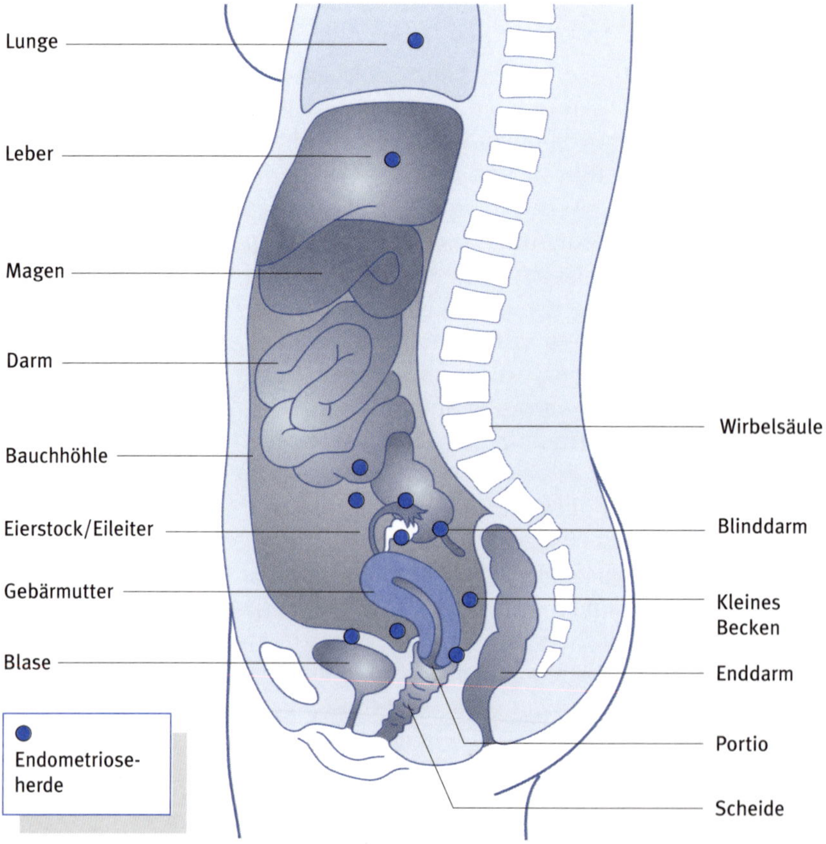

Abb. 17: Mögliche Lokalisationen von Endometrioseherden.

Endometrioseherde sogar an Stellen nachweisen, die von der Gebärmutter weit entfernt sind, z.B. in der Lunge.

Die besondere Problematik der Endometriose resultiert aus der Tatsache, daß diese versprengten Schleimhautinseln ebenso auf Geschlechtshormone reagieren wie die normale Gebärmutterschleimhaut selbst. In der ersten Zyklushälfte werden sie durch Östrogene in ihrem Wachstum stimuliert, während es am Ende des Zyklus zu einem Schleimhautzerfall mit entsprechender Blutung kommt. Das Blut kann allerdings nicht wie bei der normalen Menstruation abfließen, sondern dringt in das umgebende Gewebe ein.

Die Endometriose ist keine seltene Erkrankung. Bei Bauchspiegelungen läßt sie sich bei bis zu 10 % aller untersuchten Frauen nachweisen. Häufig handelt es sich dabei jedoch um Zufallsbefunde und kleinere Herde, die keine oder nur geringe Beschwerden machen.

Die vermutlichen Ursachen der Endometriose

Über die Frage, wie es dazu kommt, daß sich Endometrioseherde an verschiedenen Stellen des kleinen Beckens ansiedeln, streiten sich die Experten seit vielen Jahrzehnten. Zunehmend setzt sich die These durch, daß Gebärmutterschleimhautzellen im Rahmen einer »retrograden Menstruation« in das kleine Becken gelangen und sich dort einnisten. Nach dieser Theorie wandern während der Periodenblutung einige der abgestoßenen Zellen der Gebärmutterschleimhaut durch die Eileiter in den Bauchraum. Sie wandern also rückwärts, d.h. retrograd. Dies scheint nach neuesten Erkenntnissen sogar ein recht häufiges Phänomen zu sein.

Ungeklärt ist allerdings die Frage, warum bei den meisten Frauen diese verschleppten Endometriumzellen im Bauchraum einfach absterben und von körpereigenen Freßzellen des Immunsystems abgeräumt werden, während sie sich bei anderen in das Gewebe einnisten und sich zu Endometrioseherden auswachsen. Offensichtlich spielen hierbei immunologische Vorgänge eine Rolle, über die wir immer noch sehr wenig wissen.

Die Folgen der Endometriose

Leitsymptom der Endometriose ist der zyklusabhängige Schmerz, der in typischer Weise bereits kurz vor der Regelblutung einsetzt. Dies ist bedingt durch die ödematöse Aufquellung der Gebärmutterschleimhaut vor der Abstoßung. Das weitere Beschwerdebild ist bedingt durch den Sitz und die Ausdehnung der Endometrioseherde.

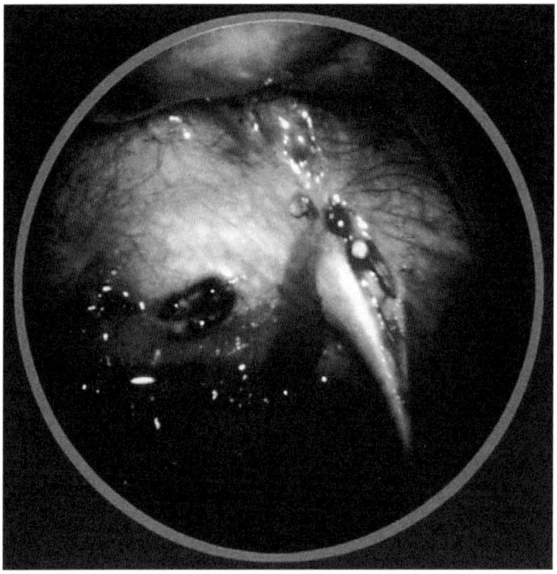

Abb. 18: Endometrioseherde.

Endometrioseherde des Eierstockes bilden häufig zystische Veränderungen, die zum Teil enorme Größe erreichen können. Als Zysten bezeichnet man in der Medizin flüssigkeitsgefüllte Geschwülste, die zumeist Wasser enthalten. Im Falle der Endometriose besteht der Zysteninhalt aus eingedicktem Blut, welches eine charakteristische schwärzlichbraune Farbe aufweist. Die Pathologen sprechen daher auch von Teer- oder Schokoladenzysten.

Ein häufiger Befall mit Endometrioseherden findet sich auch auf den sogenannten Sakrouterinligamenten, den Mutterbändern, die die Gebärmutter in der Kreuzbeinhöhle fixieren. Diese Herde können zu starken Schmerzen, insbesondere beim Verkehr führen. Bei der gynäkologischen Untersuchung tasten sie sich als druckschmerzhafte Knötchen hinter der Gebärmutter.

Schließlich ist die Endometriose eine häufige Sterilitätsursache, also der Grund für ungewollte Kinderlosigkeit. Dies kann bedingt sein durch eine rein mechanische Verklebung der Eileiter durch Endometrioseherde. Offensichtlich spielen darüber hinaus aber auch noch weitere immunologische Vorgänge eine Rolle, die noch nicht völlig aufgeklärt sind. Beim Vorliegen einer Sterilität sollte daher auch bei klinischer Beschwerdefreiheit immer an eine Endometriose gedacht werden.

Sonderform der Endometriose: Adenomyosis uteri

Das Einwachsen der Gebärmutterschleimhaut in die Gebärmuttermuskulatur ist eine Sonderform der Endometriose, die auch mit dem medizinischen Fachbegriff Adenomyosis uteri bezeichnet wird. Sie führt insbesondere zu Schmerzen bei der Regelblutung, die sich aufgrund des langsamen Verlaufes der Erkrankung jedoch erst nach einer gewissen Zeit ausbilden. Häufig ist diese Form der Endometriose die Ursache sekundärer Dysmenorrhoen, also von schmerzhaften Regelblutungen, die oft erst nach dem 30. Lebensjahr auftreten (siehe S. 61). Die Gebärmutter selbst ist häufig vergrößert, wobei sich die Endometrioseherde nicht wie Myome abkapseln, sondern diffus-infiltrierend, d.h. unregelmäßig verteilt in die Muskulatur einwachsen. Da dies auch die Kontraktionsfähigkeit der Gebärmutter beeinträchtigt, sind die Regelblutungen nicht nur schmerzhaft, sondern häufig auch verlängert.

Wie wird behandelt?

Die Endometriose ist – wie bereits erwähnt – eine hormonabhängige Erkrankung. Sie findet sich nur bei geschlechtsreifen Frauen. Nach den Wechseljahren wachsen Endometrioseherde nicht mehr bzw. trocknen weitgehend ein.

Die Abhängigkeit der Endometriose vom Östrogeneinfluß kann man sich therapeutisch zunutze machen. Durch die Gabe des Östrogengegenspielers Gestagen bzw. spezieller Gestagenabkömmlinge (Danazol) kann man Endometrioseherde »austrocknen«. Auch durch die medikamentöse Ausschaltung der Eierstöcke mittels sogenannter GnRH-Analoga läßt sich ein entsprechender Effekt erzielen. GnRH-Analoga sind Gegenspieler der Releasing-Hormone, welche die Hirnanhangsdrüse ausschüttet, um die Eierstöcke zur Hormonproduktion anzuregen. Durch sie läßt sich für die Dauer ihrer Anwendung eine zeitlich begrenzte »medikamentöse Kastration« erreichen.

Allerdings stellen diese Therapien einen sehr gravierenden Eingriff in den Gesamt-Hormonhaushalt des Körpers dar und sind mit entsprechend ausgeprägten Nebenwirkungen verbunden. Da mit dem Beginn der Behandlung ein Zustand wie nach den Wechseljahren erreicht wird, treten auch typische klimakterische Beschwerden wie Hitzewallungen, trockene Scheide oder depressive Verstimmungen auf. Durch zusätzliche Begleittherapien lassen sich diese Beschwerden häufig mindern. Die Behandlung mit GnRH-Analoga sollte daher auf die wirklich schweren Endometriosefälle beschränkt bleiben. Keinesfalls soll mit diesen Therapien begonnen werden, ohne daß zuvor der Befund durch eine Gewebeentnahme abgesichert wurde. Dies geschieht am besten im Rahmen einer Bauchspiegelung, bei der die Möglichkeit besteht, gezielt kleine Gewebeproben zu entnehmen. Dadurch läßt sich auch ein genaues Bild über den tatsächlichen Befall des Bauchraumes mit Endometrioseherden gewinnen. Das Ausmaß des Befalls sollte anhand einer internationalen Stadieneinteilung genau beschrieben und dokumentiert werden.

Im Rahmen der Bauchspiegelung gelingt es häufig auch, Endometrioseherde chirurgisch zu beseitigen. Die entsprechenden Schleimhautinseln können umschnitten, durch Hitze verkocht oder mittels Lasereinsatz verdampft (vaporisiert) werden. Der Eingriff sollte entsprechend erfahrenen Operateuren vorbehalten bleiben, da die Endometrioseherde häufig zu ausgedehnten Verwachsungen im Bauchraum führen, die die Operation ausgesprochen schwierig gestalten können. Bei sehr ausgedehnten Befunden kann auch eine Laparotomie (Bauchschnitt) erforderlich werden.

Sehr schwer zu behandeln ist die Adenomyosis uteri, das Einwachsen der Gebärmutterschleimhaut in die Muskelschicht des Uterus. Da die Endometrioseherde nicht wie Myome abgekapselt vorliegen, ist ein organerhaltendes chirurgisches Ausschälen dieser Herde kaum möglich. Führen medikamentöse Therapien nicht zum Erfolg und sind die Beschwerden sehr stark, so ist bei abgeschlossener Familienplanung eine Hysterektomie, also die Entfernung der Gebärmutter, zu erwägen.

Fehlbildungen der Gebärmutter

Um die verschiedenen Arten von Gebärmutterfehlbildungen richtig verstehen zu können, ist es wichtig, sich die entwicklungsgeschichtliche Entstehung dieses Organs vor Augen zu führen. Beim Embryo verschmelzen zwei schlauchartige Gebilde, die sogenannten Müllerschen Gänge, miteinander und bilden so die Eileiter, die Gebärmutter sowie den oberen Teil der Scheide. Verläuft der Verschmelzungsprozeß der Müllerschen Gänge nur unvollständig, so resultieren daraus die entsprechenden Fehlbildungen.

In den meisten Fällen sind die Fehlbildungen nur leichter Natur und bestehen zum Beispiel in einer kleinen Trennwand im oberen Teil der Gebärmutterhöhle; man spricht von einem Uterus subseptus. Gelegentlich ist der Gebärmutterkörper auch in zwei hornförmige Anteile aufgespalten (Uterus bicornis). Auch zwei völlig getrennt voneinander vorliegende Gebärmütter kommen vor (Uterus duplex).

Selbst ausgeprägte Gebärmutteranomalien machen zumeist kaum Beschwerden. Oftmals werden sie eher zufällig im Rahmen einer gynäkologischen Routine- oder Vorsorgeuntersuchung entdeckt. Problematisch können solche Fehlbildungen jedoch werden, wenn es um das Austragen einer Schwangerschaft geht. Aufgrund des eingeschränkten Raumes in der Gebärmutterhöhle sind Fehlgeburten häufig. Bei Frauen, die mehrfach hintereinander Fehlgeburten erleiden, sollte daher eine entsprechende Abklärung erfolgen. Hierzu eignen sich Ultraschalluntersuchungen, Röntgenkontrastdarstellungen der Gebärmutterhöhle (Hysterosalpingographie), die Gebärmutterspiegelung (Hysteroskopie) und gegebenenfalls auch die Bauchspiegelung, um weitergehende Anomalien auszuschließen.

Scheidewände, also kleine Trennhäute in der Gebärmutter, lassen sich inzwischen minimal-invasiv im Rahmen einer operativen Gebärmutterspiegelung (siehe S. 49) beseitigen. Liegen zwei Gebärmütter getrennt voneinander vor, ist ebenfalls eine operative Vereinigung möglich. Hierzu ist jedoch ein größerer Eingriff erforderlich. Wie bereits erwähnt, sind die entsprechenden Operationen jedoch nur bei bestehendem Kinderwunsch erforderlich.

Eine glücklicherweise seltene, aber dafür gravierenden Anomalie, ist das vollständige Fehlen der Gebärmutter. Da hier die Müllerschen Gänge völlig degeneriert sind, fehlen darüber hinaus auch die Eileiter. Die

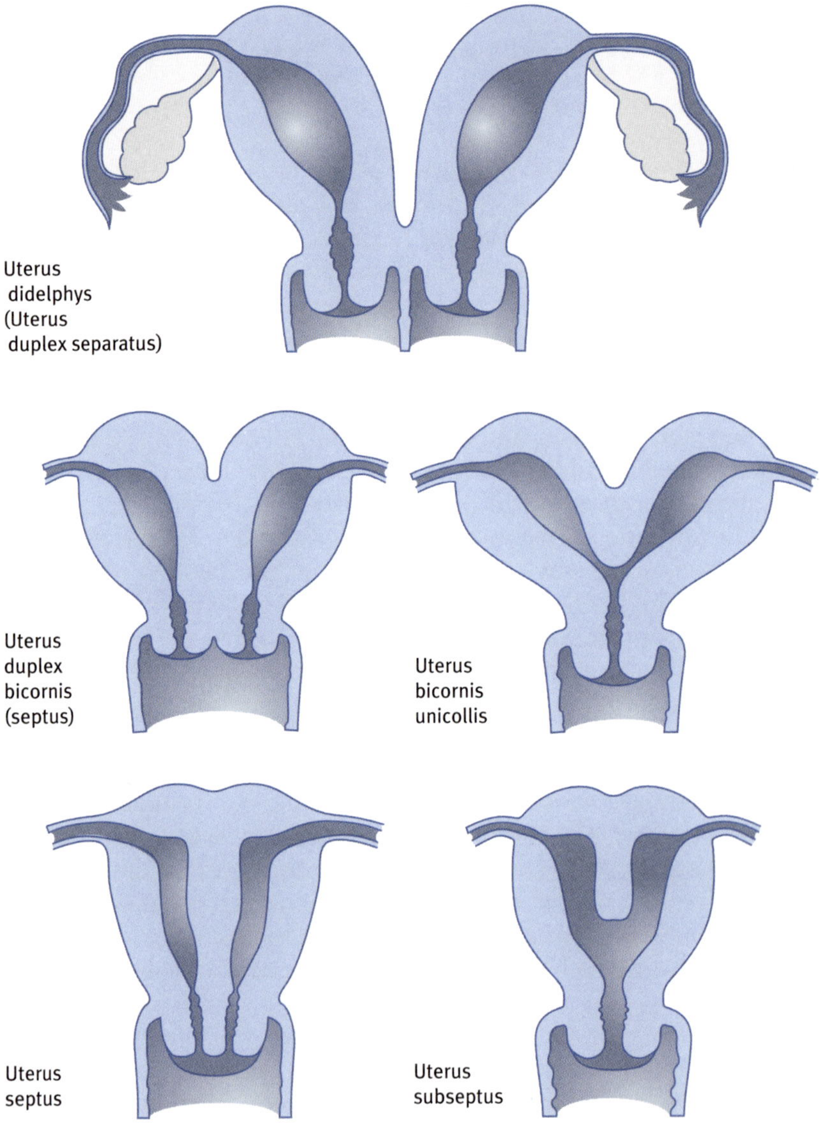

Abb. 19: Fehlbildungen der Gebärmutter.

Scheide ist nur in ihrem unteren Drittel angelegt Das Zusammentreffen dieser 3 Fehlbildungen wird als Mayer-Rokitansky-Küster-Syndrom bezeichnet. Die Eierstöcke, die entwicklungsgeschichtlich aus einer anderen Struktur hervorgehen, sind dagegen vorhanden, so daß die hormonelle Versorgung ausreichend ist. Die Therapie muß sich in diesen Fällen darauf beschränken, die Scheide operativ so zu erweitern, daß zumindest der Geschlechtsverkehr möglich wird.

Lageveränderungen der Gebärmutter

Im anatomischen Kapitel haben wir gesehen, daß die Gebärmutter durch sogenannte Mutterbänder im kleinen Becken aufgehängt ist. Allerdings ist diese Aufhängung nicht starr, sondern erlaubt der Gebärmutter ein großes Maß an Flexibilität und Bewegungsfreiheit. Dies ist auch nötig, denn während einer Schwangerschaft nimmt sie ja enorm an Größe zu. Die Flexibiliät hat aber auch ihren Preis – Lageveränderungen der Gebärmutter sind ein häufiges Problem.

Ein weiteres Problem kommt hinzu. In dem Moment, als der Mensch begann, sich hauptsächlich auf den Hinterbeinen fortzubewegen, machte er zwar evolutionsgeschichtlich einen großen Sprung nach vorne. Gleichzeitig verlagerte er aber das gesamte Gewicht seiner Baucheingeweide auf eine Struktur, die für eine solche Belastung gar nicht geschaffen war – den Beckenboden. Auch für diesen biologischen Fortschritt ist also ein Preis zu zahlen. Und zahlen müssen ihn – wie wir im nächsten Kapitel zeigen werden – in der Hauptsache wieder einmal die Frauen.

»Knickung« der Gebärmutter: Retroflexio uteri

Normalerweise liegt die Gebärmutter im kleinen Becken leicht nach vorne, zur Blase hin geneigt. Eine Achsenknickung der Gebärmutter nach hinten ist die bekannteste Lageveränderung – häufig einfach als »Knickung« bezeichnet. Der medizinische Fachausdruck lautet Retroflexio uteri.

Man hat dieser Retroflexio lange Zeit große Bedeutung beigemessen. Von Schmerzen bei der Regelblutung bis zu unerfülltem Kinderwunsch reichte das Spektrum an Erkrankungen, für das die Knickung verantwortlich gemacht wurde. Eine ganze Reihe chirurgischer Verfahren wurde entwickelt, durch die im Rahmen aufwendiger »Antefixationsoperationen« die Gebärmutter aufgerichtet und der scheinbare Defekt behoben werden sollte. Heute weiß man, daß diese Operationen so überflüssig waren wie ein Kropf. Die Retroflexio uteri – darin sind sich inzwischen fast alle Fachleute einig – ist nichts weiter als eine angeborene Normvari-

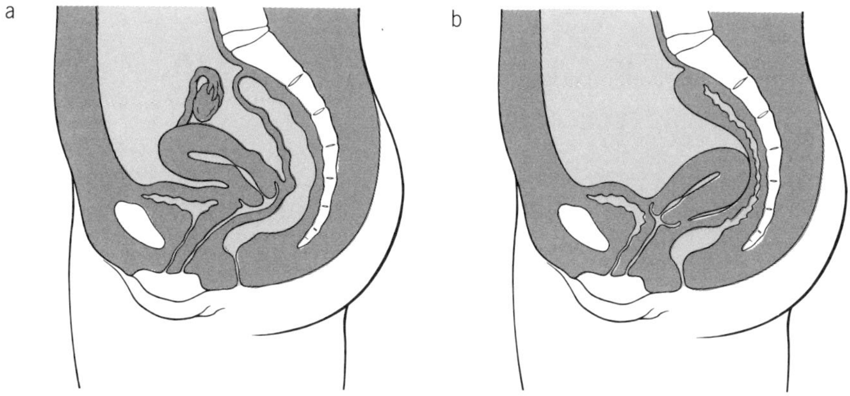

Abb. 20: Lageveränderungen der Gebärmutter.
Normalerweise liegt die Gebärmutter leicht nach vorne geneigt (a). Die Knickung nach hinten (b) wurde früher für eine Reihe von Beschwerden verantwortlich gemacht. In den meisten Fällen ist sie jedoch völlig harmlos.

ante, die keinerlei Korrektur bedarf. Einem Linkshänder redet heute ja auch niemand mehr ein, er sei nicht normal und müsse sich unbedingt zum Rechtshänder umerziehen lassen. Keinesfalls stellt die Knickung der Gebärmutter eine Krankheit oder gar eine Operationsindikation dar.

Lediglich die sogenannte Retroflexio uteri fixata, bei der sich die Gebärmutter aus ihrer nach hinten geknickten Position nicht mehr aufrichten läßt, kann zu Beschwerden führen. Hier liegen zumeist Verklebungen zwischen der Gebärmutter und dem Enddarm vor, die in der Folge von Entzündungen bzw. eines Endometriosebefalls des kleinen Beckens entstehen. Dies kann zu erheblichen Schmerzen beim Verkehr oder bei der Stuhlentleerung führen und sollte entsprechend behandelt werden. Es sei jedoch noch einmal darauf hingewiesen, daß die Retroflexio in diesem Fall nicht die Ursache der Beschwerden, sondern nur die Folge einer anderen Grunderkrankung ist.

Senkung der Gebärmutter (Descensus) und Vorfall (Prolaps)

Im Gegensatz zur Retroflexio uteri kann die Senkung der Gebärmutter durchaus zu Beschwerden führen und gelegentlich sogar größere Operationen erforderlich machen. Als Senkung (Descensus) bezeichnet man das Tiefertreten der Gebärmutter durch den Vaginalkanal. Zugrunde liegt dieser Veränderung zumeist eine nachlassende Elastizität des Beckenbodens, jener muskulär-bindegewebigen Platte, die das weibliche Becken nach unten abschließt (siehe Abb. 6, S. 22).

In bezug auf diese Struktur sind Frauen tatsächlich den Männern gegenüber das »schwächere Geschlecht«. Der weibliche Beckenboden weist nämlich neben den Öffnungen für die Harnröhre und den After auch noch eine Öffnung für die Scheide auf. Letztere muß sich insbesondere bei Geburten enorm aufdehnen. Überdehnungen können jedoch zu einer Gewebeschädigung führen. So ist es verständlich, daß Senkungserkrankungen hauptsächlich Frauen betreffen, die mehrere bzw. sehr große Kinder zur Welt gebracht haben. Aber auch junge Frauen, die nur wenige oder gar keine Kinder geboren haben, können von einer Senkung betroffen sein, insbesondere, wenn sie an einer angeborenen Bindegewebsschwäche leiden, die sich häufig durch das gleichzeitige Vorhandensein von Krampfadern bemerkbar macht.

a b

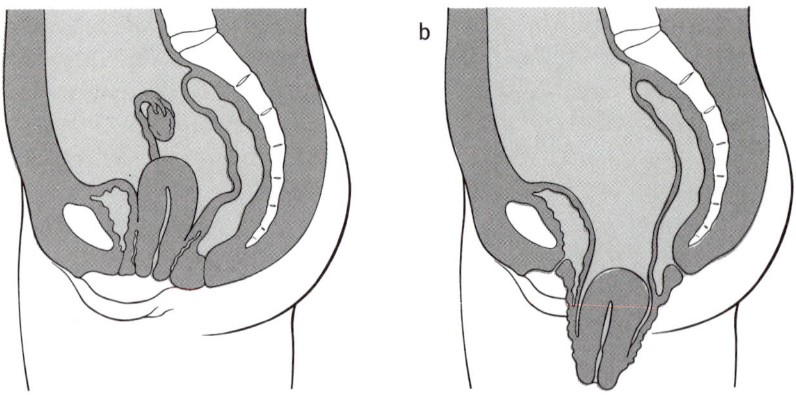

Abb. 21: Bei der Senkung (a) tritt die Gebärmutter tiefer, befindet sich jedoch noch innerhalb der Scheide. Beim Vorfall (b) liegt die Gebärmutter vor der ausgestülpten Scheide.

Ist die Senkung der Gebärmutter so weit fortgeschritten, daß der Gebärmuttermund bereits im Scheideneingang sichtbar wird, so spricht man von einem Partialprolaps (teilweiser Gebärmuttervorfall). Ist die gesamte Gebärmutter vor der Scheide sichtbar, handelt es sich um einen Totalprolaps (vollständiger Gebärmuttervorfall). Bei einem Prolaps oder Vorfall löst sich also ein Organ, hier die Gebärmutter, aus seiner natürlichen Lage und tritt durch eine Körperöffnung zutage.

Bedingt durch die zugrundeliegende Schwäche des gesamten Beckenbodens, sind bei einer Senkung der Gebärmutter häufig die benachbarten Organe mitbetroffen. Eine Aussackung der Blase in den Vaginalbereich wird als Cystocele bezeichnet, eine entsprechende Vorwölbung des Darmes als Rectocele. In den meisten Fällen liegen beide Befunde kombiniert vor, wobei jeweils der eine oder andere deutlicher ausgeprägt ist.

Welche Beschwerden verursacht die Senkung?

Nicht jede Gebärmuttersenkung führt zu einer Beeinträchtigung der Gesundheit oder des Wohlbefindens. Bis zu einem gewissen Grade ist die Senkung auch Ausdruck eines normalen Alterungsprozesses. Darüber hinaus gibt es Frauen mit einem sehr ausgeprägten Descensus, die über keinerlei Beschwerden klagen. In solchen Fällen ist selbstverständlich keine operative Therapie erforderlich. Die Behandlung sollte sich lediglich auf eine gezielte Beckenbodengymnastik beschränken, um einer weiteren Verschlechterung des Befundes vorzubeugen.

Häufig geben betroffene Frauen jedoch an, daß »etwas nach unten drückt«. Das Tiefertreten der Gebärmutter wird als störend empfunden und kann auch beim Verkehr zu Problemen führen. Kreuzschmerzen können ebenfalls durch einen Descensus bedingt sein. Im Kapitel über die anatomischen Grundlagen hatten wir gesehen, daß bestimmte Mutterbänder den Uterus in der Kreuzbeinhöhle befestigen. Tritt die Gebärmutter nun tiefer, so überträgt sich der Zug über die Mutterbänder auf das Kreuzbein. Kreuzschmerzen bei Frauen sollten daher nicht nur orthopädisch, sondern immer auch gynäkologisch untersucht werden.

Bildet der Enddarm eine Aussackung (Rectocele), die gegen die Scheide drückt, so können sich hier große Mengen des eingedickten Darminhaltes sammeln. Die Fähigkeit des Enddarmes, sich zusammenzuziehen und damit eine Stuhlentleerung zu bewirken, ist beeinträchtigt. Schwerwiegende Verstopfungsprobleme können die Folge sein.

Harninkontinenz

Die bei weitem häufigste Komplikation im Rahmen einer Gebärmuttersenkung betrifft jedoch die Blasenentleerung. Durch die gleichzeitige Senkung von Gebärmutter und Blase verzieht sich auch der Winkel zwischen Blase und Harnröhre. Dieser Winkel ist jedoch von großer Bedeutung für die Fähigkeit der Blase, den Urin einzuhalten. Ist er verzogen, kann es sein, daß unwillkürlich Urin abgeht. Es kommt zur gefürchteten Harninkontinenz.

Anfangs tritt die Harninkontinenz zumeist sehr diskret auf. Bei gefülltem Zustand gehen gelegentlich kleinere Mengen von Urin ab, wenn der Druck auf die Blase erhöht wird. Dies ist z.B. beim Husten, Niesen, Pressen oder Lachen der Fall. Da der unwillkürliche Harnabgang nur bei einer entsprechenden Belastung der Blase auftritt, spricht man auch von einer Belastungs- oder Streßinkontinenz. Im weiteren Verlauf kommt es dann auch schon bei leichteren Belastungen, etwa beim Treppensteigen, zum unwillkürlichen Urinverlust.

Ein weiteres Problem ergibt sich aus der Tatsache, daß in der Cystocele, der Aussackung der Blase in die Scheide, nach dem Wasserlassen ständig gewissse Mengen von Urin zurückbleiben. Dieser sogenannte Restharn neigt dazu sich zu infizieren. Chronische Blasenentzündungen begleiten daher die betroffenen Patientinnen oft über Jahre hinweg und verschlimmern zusätzlich die Harninkontinenz.

In schweren Fällen kann die Infektion auch aufsteigen und zu einer begleitenden Nierenbeckenentzündung führen.

Die Harninkontinenz ist eines der letzten großen Tabuthemen der Medizin. Für den praktisch tätigen Gynäkologen ist es immer wieder erschreckend festzustellen, wie viele ansonsten durchaus gutinformierte Frauen unter ausgeprägten Formen von Inkontinenz leiden, ohne diese behandeln zu lassen. In nicht wenigen Fällen wird der unwillkürliche Abgang von Urin ab einem gewissen Alter einfach als »normal« angesehen. Um peinlichen Situationen zu entgehen, schränken die betroffenen Patientinnen oft sportliche oder soziale Aktivitäten immer mehr ein. Frauen, die ansonsten durchaus aktiv und leistungsfähig sind, kapseln sich zunehmend ab und vereinsamen immer mehr. Die Harninkontinenz bekommt somit über die medizinische Problematik hinaus auch noch eine soziale Dimension.

Dabei ist eine erfolgreiche Therapie dieser Erkrankung durchaus möglich. Sie ist allerdings – wie häufig in der Medizin – von einer exakten Diagnose abhängig. Es gibt nämlich durchaus verschiedene Formen von Harninkontinenz, die auch völlig individuelle Therapien erforderlich machen.

Neben der beschriebenen Belastungs- oder Streßinkontinez gibt es auch noch eine Drang- oder Urge-Inkontinenz. Hierbei steht nicht so sehr der unwillkürliche Urinabgang bei Belastung im Vordergrund. Leitsymptom ist vielmehr der »imperative Harndrang«, das heißt, es kommt zu einem plötzlich auftretenden Druckgefühl im Blasenbereich, das sich nicht mehr unterdrücken läßt. In vielen Fällen ist der Weg zum nächsten WC zu weit. Teile des Urins sind bereits abgegangen, bevor die rettende Toilettenschüssel erreicht ist.

Die diesen beiden Hauptformen der Inkontinenz zugrundeliegenden Ursachen sind völlig verschieden. Während die Streßinkontinenz durch anatomische Veränderungen infolge einer Schwäche des Beckenbodens bedingt ist, wird die Dranginkontinenz durch nervöse Störungen der Blasenversorgung oder auch durch chronische Entzündungen hervorgerufen. Die Abgrenzung wird oftmals noch zusätzlich durch die Tatsache erschwert, daß zwischen den beiden Inkontinenztypen auch Mischformen vorkommen.

Die Behandlung der Harninkontinenz

Um eine klare Diagnose zu erzielen und unnötige Operationen zu vermeiden, ist eine genaue Erhebung der Krankengeschichte und eine eingehende Untersuchung erforderlich. Oftmals ist das vorübergehende Führen eines »Miktionstagebuches«, in dem die Häufigkeit und die Umstände der Blasenentleerung notiert werden, hilfreich (Miktion = Harnentleerung). Eine operative Korrektur der Harninkontinenz sollte nicht mehr erfolgen, ohne daß zuvor eine urodynamische Messung durchgeführt wurde. Dies ist ein spezielles Untersuchungsverfahren, bei dem durch kleine Meßkatheter die Druckverhältnisse in Blase, Harnröhre und Darm gemessen und zueinander in Beziehung gesetzt werden. Die Auswertung des Meßprotokolls erlaubt genaue Aufschlüsse über die Form der vorliegenden Harninkontinenz und ist entscheidend für eine individuelle Therapieplanung.

Ist die Senkung noch nicht so ausgeprägt, lassen sich häufig durch ein gezieltes Beckenbodentraining gute Erfolge erzielen. Wichtig ist jedoch eine qualifizierte Anleitung, um tatsächlich auch die richtigen Strukturen zu trainieren. Das Gefühl für den Beckenboden muß zumeist erst einmal entwickelt werden, um ein gezieltes Training durchführen zu können. Ein kleines Übungsprogramm für jeden Tag finden Sie ab Seite 87.

Ist die Senkung schon weit fortgeschritten oder führt das Beckenbodentraining nicht zum gewünschten Erfolg, wird eine Operation erforderlich. Der Standardeingriff ist die »vaginale Hysterektomie mit vorderer und hinterer Plastik«. Dabei wird die Gebärmutter von der Scheide aus entfernt (vaginale Hysterektomie) und der gesamte Beckenboden operativ rekonstruiert. Der Begriff »Plastik« hat nichts mit Kunststoff zu tun, sondern bezieht sich lediglich auf die plastische Wiederherstellung der normalen anatomischen Strukturen. Die Aussackung der Blase in die Scheide wird behoben und der verschobene Winkel zwischen Blase und Harnröhre korrigiert (vordere Plastik). Die Vorwölbung des Darmes wird ebenfalls beseitigt und der Damm durch einige zusätzliche Nähte stabilisiert (hintere Plastik).

Bei ausgeprägten Formen einer Streßinkontinenz reicht die Korrektur des Winkels zwischen Blase und Harnröhre von der Scheide aus manchmal nicht aus. Dann muß oberhalb des Schambeines ein kleiner Querschnitt angelegt und der Winkel von hier aus korrigiert werden. Bei dieser sogenannten »Burch-Operation« wird durch einige zusätzliche Nähte die Harnröhre weiter angehoben.

Nach der Operation ist zumeist über einige Tage hinweg ein spezielles Blasentraining erforderlich, damit die Harnblase in ihrer neuen anatomischen Lage auch wieder ihre volle Funktion übernimmt. Hierzu wird für kurze Zeit der Urin über ein kleines Schläuchlein durch die Bauchdecken abgeleitet, um ein optimales Blasentraining zu gewährleisten. Um den Operationserfolg zu sichern und langfristig zu erhalten, sollten Übungen zur Stärkung des Beckenbodens konsequent in den Tagesablauf integriert werden.

Vorfälle der Gebärmutter betreffen häufig ältere Frauen. Aufgrund des Narkoserisikos bei fortgeschrittenem Lebensalter wird dann oft auf eine eigentlich notwendige Operation verzichtet. Häufig versucht man, sich mit der Einlage sogenannter Scheidenpessare zu behelfen. Dies sind ring- oder schalenförmige Gebilde, die es aus den unterschiedlichsten Materialien und in den verschiedensten Ausführungen und Größen gibt. In die Scheide eingelegt, sollen sie die Gebärmutter an einem Vorfall hindern.

Pessare müssen alle vier bis sechs Wochen gewechselt und gesäubert werden. Von den betroffenen Frauen wird dies häufig als äußerst unangenehm empfunden. Wird das Wechseln des Pessars vergessen – und dies passiert nicht selten –, können sich Druckgeschwülste bilden, die zum Teil verheerende Ausmaße annehmen können. Die Einlage eines Pessars sollte daher immer eine absolute Notlösung für wirklich inoperable Patientinnen bleiben. Durch die Fortschritte der letzten Jahre sind Narkosen sehr viel sicherer und besser steuerbar geworden, so daß auch ältere Frauen nur ein geringes Operationsrisiko eingehen, wenn sie einen Prolaps chirurgisch behandeln lassen.

Fit sein – mit aktivem Beckenbodentraining

von Susanne Hindenberg-Hoh, Mitglied der Arbeitsgemeinschaft Gynäkologie und Geburtshilfe im Deutschen Verband für Physiotherapie

Harninkontinenz ist ein Problem, das Junge und Alte, Frauen und Männer betreffen kann. Wenn Sie zu den Betroffenen gehören, können Sie selbst, nach Rücksprache mit Ihrem Arzt und unter fachkundiger Anleitung einer Physiotherapeutin, entscheidend zu einer Besserung Ihrer Beschwerden beitragen. Indem Sie sich aktiv mit der Problematik auseinandersetzen und die erlernten Übungen in Ihren Tagesablauf integrieren, werden Sie nach einiger Zeit Linderung verspüren. Auch das Beckenbodentraining hat sich – wie viele andere Therapieformen – in den vergangenen 10 Jahren verändert. Wir Physiotherapeuten haben den Weg der isolierten Beckenbodenarbeit z.B. durch »Kneifübungen« oder »Urinstrahlunterbrechung« verlassen, um die natürliche Art, den Beckenboden zu stimulieren, zu fördern. Die Erfahrung zeigt, daß die Integration der Beckenbodenspannung in die Aktivität der Bauch-, Rücken- und Beckenmuskulatur, auch im Zusammenspiel mit der dynamischen Kraft des Zwerchfells, besonders erfolgreich ist. Diese Art des Trainings wird von den Betroffenen mit Interesse und Freude angenommen. Auch Sie werden Ihre persönliche Strategie finden, mit dem plötzlich auftretenden Harnverlust positiv umzugehen!

Vor Beginn Ihrer täglichen Übungen sollten Sie

- die Blase entleeren
- sich etwas Bequemes anziehen
- für frische Luft sorgen
- eine Decke unterlegen
- sich durch Auflegen ruhiger Entspannungsmusik eine angenehme Atmosphäre schaffen

Kommen Sie nun aus dem Stand über Kniestand und Vierfüßlerstand in die Rückenlage. Beugen Sie nacheinander die Kniegelenke, und stellen Sie die Füße hüftbreit auf. Die Kniegelenke fallen dabei leicht nach außen. Legen Sie Ihre Hände entspannt auf den Bauch. Spüren Sie die Auflagefläche Ihres Körpers am Boden und Ihren Atem, der sich im Nasen-Rachenraum, im Brustraum und im Becken-Bauchraum ausdehnt.
Bleiben Sie einige Minuten in dieser Ruhestellung liegen, hören Sie die Musik, und nehmen Sie sich und Ihren Körper wahr.
Nach dieser kurzen Einstimmung kann nun das aktive Üben beginnen!
Viel Spaß und ein gutes Gelingen!

Übung 1

Rückenlage

- Sie liegen auf dem Rücken, die Hände unterhalb des Nabels auf dem Bauch, die Kniegelenke sind gebeugt, die Füße aufgestellt.
- Lassen Sie Ihren Atem fließen, und stellen Sie sich vor, Ihr Beckenboden »verhält sich wie ein Schwamm«: Mit dem Einatmen füllt sich der Schwamm und dehnt sich aus; mit dem Ausströmen der Atemluft auf »puh« spannen Sie den Beckenboden und »drücken den Schwamm aus«.
- Führen Sie diese Übung 7 bis 8x durch – am besten morgens vor dem Aufstehen und abends vor dem Einschlafen.

Die Beckenbodenwahrnehmung und die Durchblutung der Beckenbodenmuskulatur wird verbessert, die Wirbelsäule mobilisiert, Bauch- und Rückenmuskulatur gekräftigt.

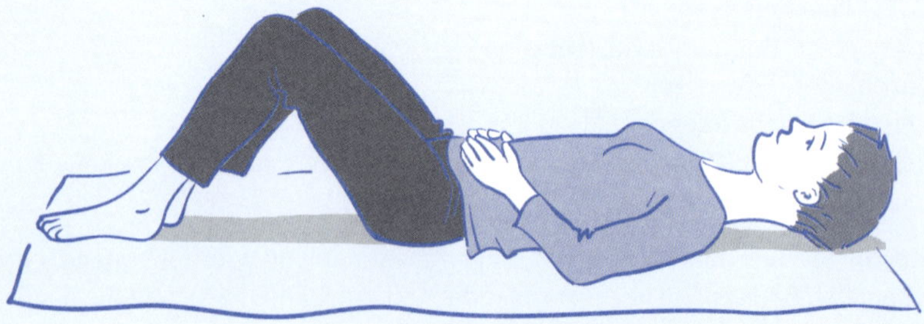

Übung 2

Rückenlage

- Heben Sie Arme und Beine locker zur Decke, atmen Sie bewußt in den Bauch und lassen Sie die Luft durch die leicht gespitzten Lippen ausströmen.
- Halten Sie diese Stellung, solange Sie Ihnen angenehm ist.

Diese Übung verbessert besonders die Durchblutung des Beckens und der Beckenbodenmuskulatur und sollte 3 bis 4x im Wechsel mit Übung 3 durchgeführt werden.

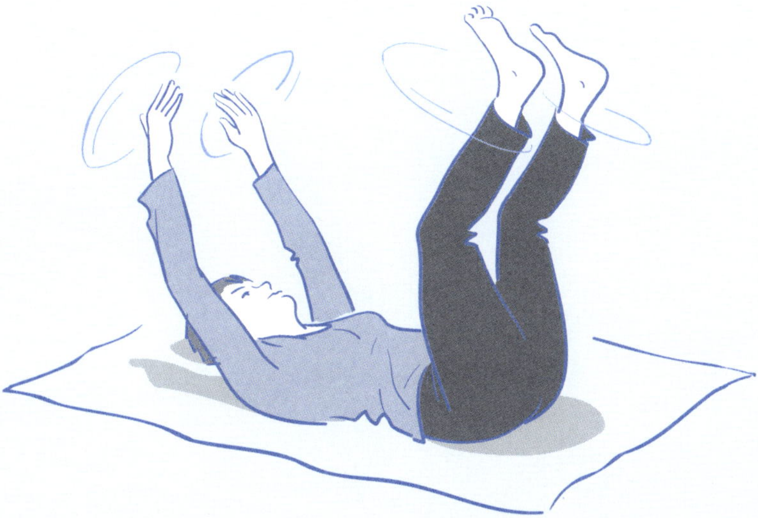

Übung 3

Knie-Ellenbogenstütz

- Stützen Sie sich auf Kniegelenke und Unterarme, die Ellbogen zeigen nach außen. Ihre Stirn liegt entspannt auf den Händen.
- Lassen Sie das Brustbein zum Boden sinken, und atmen Sie ruhig weiter in den Bauch.
- Verstärken Sie die Beckenbodenspannung, indem Sie beim Ausatmen laut »lick!«, »lack!« »lock!« sagen.
- Bewegen Sie gleichzeitig das Steißbein in Richtung Nasenspitze.

Durch die Hochlagerung des Beckens kommt es zu einer Entlastung und Durchblutungsverbesserung des Beckenbodens.

Sie sollten diese Übung zu Beginn Ihres täglichen Trainings 3 bis 4x im Wechsel mit Übung 2 durchführen.

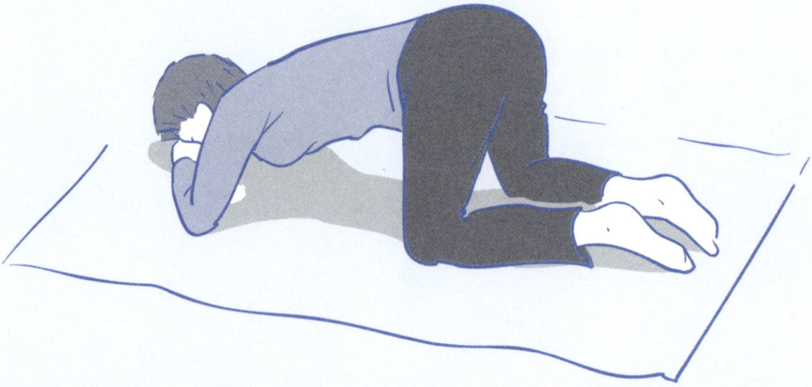

Übung 4

Vierfüßlerstand

- Arme und Beine bilden einen rechten Winkel zum Körper, wenn Sie sich auf den Händen (oder Fäusten) und den Kniegelenken abstützen. Die Ellbogen sind leicht gebeugt. Der Rücken ist gerade, der Kopf in Verlängerung der Wirbelsäule mit Blick zum Boden.
- »Spielen« Sie mit Ihren Beckenbewegungen, indem Sie das Becken auf und ab, nach rechts und nach links bewegen.
- Lassen Sie die Bewegung zu Ende gehen, spüren sie Ihren Atem und heben Sie mit der Ausatmung beide Knie etwas vom Boden ab. Sagen Sie dabei laut »hop!«, »hop!«, »hop!«

Das Zusammenspiel von Zwerchfell- und Beckenbodenaktivität wird stimuliert und die gesamte Körpermuskulatur gekräftigt.

Diese Übung ist anstrengend! Beginnen Sie mit wenigen Wiederholungen und steigern Sie sie im Laufe der Zeit.

Übung 5

Sitz

- Setzen Sie sich mit gespreizten Beinen auf den vorderen Bereich eines Hockers.
- Belasten Sie beide Füße: Ferse, Fußaußenrand, Vorfuß und Zehen.
- Richten Sie die Wirbelsäule auf, und blicken Sie gerade nach vorn.
- Spüren Sie Ihre Sitzbeinhöcker im Kontakt mit der Sitzfläche, und bleiben Sie mit etwas nach vorn geneigtem Oberkörper aufrecht sitzen. Legen Sie die Hände auf den Unterbauch und sagen Sie laut »fit!«

Nehmen Sie diese aufrechte Haltung auch beim Sitzen am Arbeitsplatz, in Bus oder Bahn immer wieder ein.

Wiederholen Sie die Übung 7 bis 8 x.

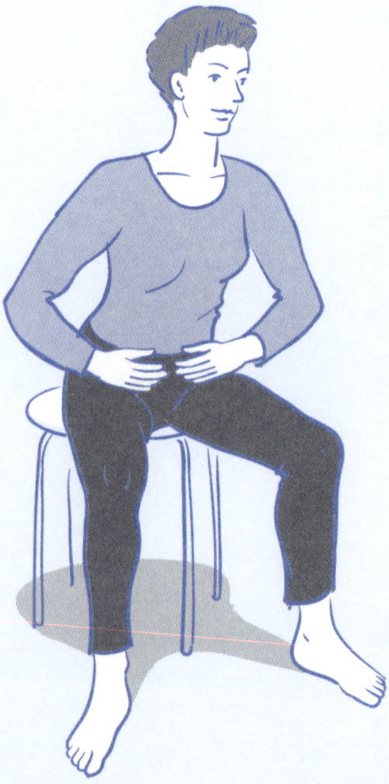

Übung 6

Sitz

- Füllen Sie ein Stoffsäckchen (15 x 15 cm) mit 150 g rohem Reis.
- Setzen Sie sich aufrecht, mit gehobenem Brustkorb, auf das Reissäckchen.
- Atmen Sie ruhig ein und versuchen Sie, während Sie auf »puh« ausatmen, möglichst viele Reiskörner mit dem Beckenboden »anzusaugen und festzuhalten«.
- Spüren Sie, wie sich der Beckenboden nach innen oben anhebt.
- Lösen Sie die Spannung mit dem »Einatmen«.

Diese Übung dient der Sensibilisierung und Kräftigung von Beckenboden- und Bauchmuskulatur.

Sie sollten sie täglich mehrmals durchführen, z.B. nach Entleerung der Blase auf der Toilette. Eine gute Gelegenheit bietet sich auch, wenn Sie mit dem Auto an einer Ampel warten müssen.

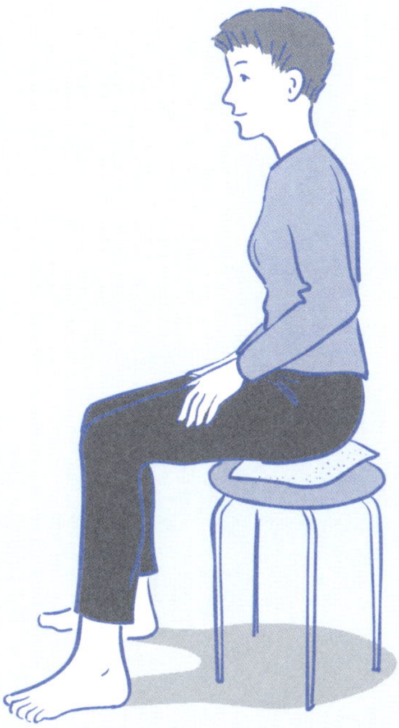

Übung 7

Stand

- Stehen Sie aufrecht, mit hängenden Armen, heben Sie den Brustkorb, senken Sie den Schultergürtel und blicken Sie nach vorn.
- Ihre Füße stehen hüftbreit am Boden, die Fußspitzen sind leicht nach außen gedreht.
- Die Kniegelenke bleiben locker.
- Pendeln Sie »wie ein Halm im Wind« über Ihren Füßen.
  Spüren Sie den Kontakt der Ferse, des Fußaußenrandes, des Vorfußes und der Zehen. Ihre Füße bilden »die Wurzeln des Grashalmes, die tief in den Boden hineinreichen«.

Durch das »dynamische Stehen« werden alle Gelenke symmetrisch belastet.
Es erleichtert Ihnen die Beibehaltung der aufrechten Haltung über einen längeren Zeitraum.

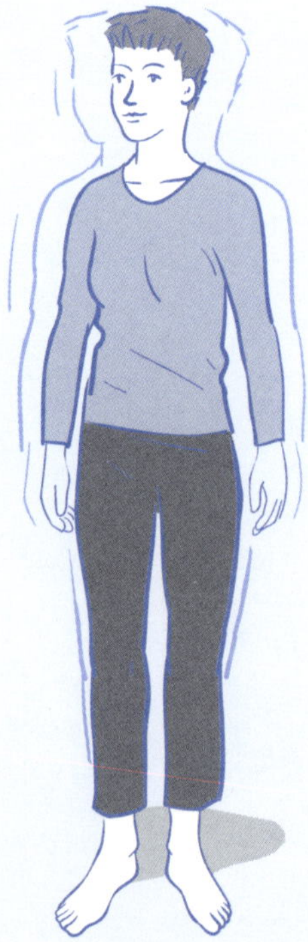

Tips für den Alltag: So heben und bücken Sie sich richtig

- Um den Beckenboden und die Wirbelsäule nicht zu überlasten, sollten Sie beim Bücken die Füße beckenbreit aufstellen, das Gesäß nach hinten schieben und den Oberkörper mit geradem Rücken nach vorn neigen.
- Spannen Sie dabei den Beckenboden etwas an.
- Atmen Sie beim Heben des Gegenstandes mit Ton aus – »uff«, »hah«, oder stöhnen Sie – und halten Sie das Gewicht nah am Körper.

Achten Sie auch bei allen anderen Alltagsaktivitäten wie Zähneputzen, Waschmaschine ein- und ausräumen und bei der Gartenarbeit auf die »richtige« Haltung.

Einige Hinweise, die Sie beachten sollten

- Nehmen Sie sich für Ihr Training Zeit!
- Regelmäßiges, tägliches Üben ist der sicherste Weg zum Erfolg!
- Gehen Sie bewußt mit sich um!
- Spüren und trainieren Sie Ihren Beckenboden in allen erdenklichen Alltagssituationen!
- Achten Sie auf gesunde Ernährung und ausreichende Trinkmengen!
- Tragen Sie angemessenes Schuhwerk mit einer Absatzhöhe bis maximal 2 cm!

Wir möchten Ihnen mit diesem ausgewählten Übungsangebot Mut machen, ein körperliches Training durchzuführen, und Sie unterstützen, Eigeninitiative zu ergreifen. Für weitere Fragen stehen Ihnen Ihr behandelnder Arzt und Ihre Krankengymnastin gern zur Verfügung!

Gutartige Veränderungen des Gebärmutterhalses

Wie wir im Kapitel über die anatomischen Grundlagen gesehen haben, ist der Gebärmutterhals der untere Teil der Gebärmutter, der mit dem Gebärmuttermund, der Portio, in die Scheide hineinreicht. Zwei unterschiedliche Arten von Gewebeschichten stoßen hier aufeinander. Der äußere Anteil des Gebärmutterhalses ist – ebenso wie die Scheide – von sogenanntem Plattenepithel überzogen. Den innenliegenden Gebärmutterhalskanal kleidet Zylinderepithel aus, das reich an sekretbildenden Drüsen ist (siehe Abb. 4, S. 19)

Ektopie – Verschiebung von Gewebegrenzen

Die Grenze zwischen Zylinder- und Plattenepithel am Muttermund verändert sich ständig. Sie ist unter anderem abhängig vom Alter der Frau, von der Zyklusphase und eventuell vorangegangenen Schwangerschaften. Bei jungen Mädchen und älteren Frauen, bei denen die Östrogenspiegel niedrig sind, ist die Grenze häufig in den Gebärmutterhalskanal verschoben und von außen kaum einsehbar. Bei Frauen in der Geschlechtsreife ist dagegen das Zylinderepithel des Gebärmutterhalses zumeist im Bereich des äußeren Muttermundes sichtbar. Nicht selten überwächst das Zylinderepithel des Gebärmutterhalses auch relativ große Teile des Gebärmuttermundes. Von Patientinnen hört man dann gelegentlich die Aussage, sie hätten ein »Geschwür« am Muttermund. Dies ist mitnichten so. Bei Ektopien handelt es sich weder um ein Tumorleiden noch um infektiöse Geschwülste, sondern lediglich um die Verschiebung der Grenzlinie zwischen zwei völlig normalen Gewebeschichten.

Gleichwohl werden Ektopien häufig zum Objekt eines übersteigerten ärztlichen Tätigkeitsdranges. Wahlweise bekämpfen Gynäkologen die vermeintliche Anomalie mit ätzenden Flüssigkeiten, Hitze, Kälte oder Laserlicht. Der therapeutische Effekt dieser Maßnahmen ist zumeist gering, die Verunsicherung der Patientinnen durch solche Aktivitäten dagegen groß. Dabei gilt auch für Ektopien wie für viele andere Veränderungen im gynäkologischen Bereich: Wenn sie keine Beschwerden machen, müssen sie nicht behandelt werden.

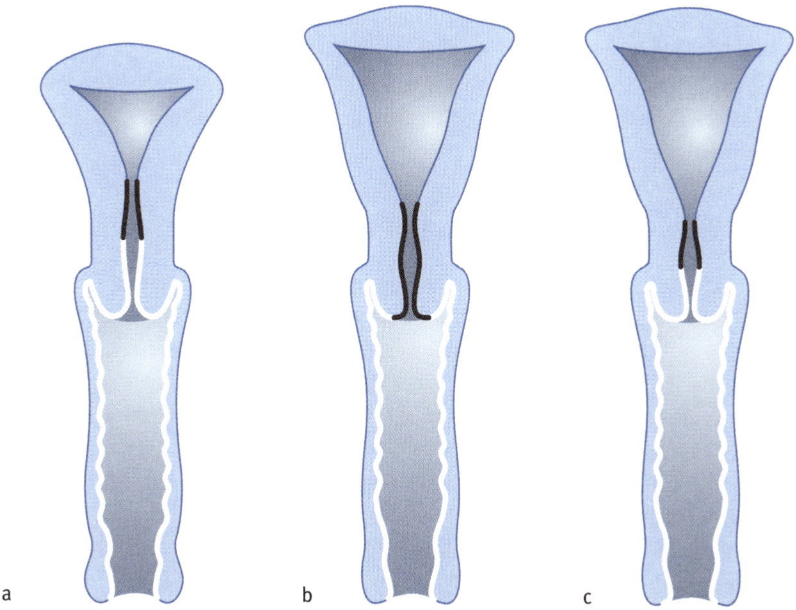

Abb. 22: Verlauf der Grenze zwischen Zylinderepithel (schwarz) und Plattenepithel (weiss) an der Gebärmutter a) vor der Pubertät b) während der Geschlechtsreife und c) nach den Wechseljahren.

Welche Beschwerden können Ektopien verursachen?

Die eventuelle Entartung einer Ektopie im Sinne eines Gebärmutterhalskrebses ist natürlich theoretisch möglich. Sie verläuft jedoch über einen langen Zeitraum und viele Zwischenstufen. Durch regelmäßige Krebsabstriche und Kontrollspiegelungen des Gebärmuttermundes läßt sich die Veränderung daher problemlos überwachen.

Eine gewisse Gefährdung besteht bei Ektopien gegenüber Infektionen. In den tiefen Gängen des Drüsenepithels können sich Keime besser ansiedeln und einnisten als in dem relativ glatten Plattenepithel. Bei chronischer Gebärmutterhalsentzündung sollte daher eine Ektopie saniert werden.

Das gleiche gilt, wenn das Drüsenepithel der Ektopie übermäßig viel Schleim absondert. Dieser kann als permanenter Ausfluß lästig werden, er kann auch das normale Scheidenmilieu stören und somit Infektionen der Scheide Vorschub leisten.

Schließlich ist das Zylinderepithel verletzlicher als das Plattenepithel. Beim Geschlechtsverkehr können so Kontaktblutungen entstehen, die außerordentlich irritierend und lästig sind. Liegt eines oder mehrere dieser Beschwerdebilder vor, so sollte eine gezielte Therapie der Ektopie eingeleitet werden.

Wie werden – falls notwendig– Ektopien behandelt?

Hierzu stehen verschiedene Methoden zur Verfügung. Für die chemische Ätzung verwendet man Silbernitrat oder Albothyl. Das Verfahren ist einfach und ohne großen technischen Aufwand durchführbar, da hier lediglich die Ektopie mit der entsprechenden Lösung betupft wird. Allerdings lassen die Ergebnisse – auch nach mehrfacher Wiederholung – häufig zu wünschen übrig.

Bei der Elektrokoagulation versucht man, die Ektopie durch lokale Hitzeeinwirkung im Rahmen einer Verschorfung zu beseitigen. Auch bei dieser Methode ist die Neigung zur Bildung neuer Ektopien sehr hoch.

Bessere Egebnisse lassen sich dagegen mit der Kryotherapie erreichen (Kryo = Kälte). Hier wird die Ektopie durch Kälteeinwirkung mit Temperaturen im Bereich von –80°C behandelt.

Die überzeugendsten Resultate liefert allerdings die Laserbehandlung, bei der die ektopen Bezirke verdampft (vaporisiert) werden. Die besonderen physikalischen Eigenschaften des Lasers ermöglichen eine sehr gezielte Therapie, die, im Gegensatz zur Hitze- oder Kälteanwendung, das angrenzende Gewebe nicht schädigt.

Da im Bereich des Gebärmutterhalses kaum sensible Nervenendigungen vorkommen, sind alle aufgeführten Verfahren nahezu schmerzlos und bedürfen keiner oder allenfalls einer lokalen Betäubung.

Emmet-Risse: Ektopien können auch durch Verletzungen während der Entbindung entstehen. War bei der Geburt das Kind sehr groß, wurde zu früh gepreßt oder mußte z.B. eine Geburtszange eingesetzt werden, so können Risse im Bereich des Gebärmutterhalses resultieren. Werden diese nicht erkannt oder nicht richtig vernäht, so fallen diese Veränderungen am Gebärmutterhals noch Jahre später als sogenannte Emmet-Risse auf. Diese Narben werden häufig von Zylinderepithel überwuchert. Für die Therapie gelten die bereits oben beschriebenen Grundsätze.

Ovula Nabothi – kleine Sekretzysten

Schließlich sei noch eine letzte gutartige Veränderung am Gebärmuttermund erwähnt: die sogenannten Ovula Nabothi. Natürlich handelt es sich dabei nicht – wie die lateinische Bezeichnung Ovula vermuten läßt – um irgendeine Form von Eiern. Die nach ihrem Erstbeschreiber, dem Leipziger Anatomen Martin Naboth, benannten Veränderungen sind vielmehr kleine Sekretzysten im Bereich des Muttermundes, die dadurch entstehen, daß das Plattenepithel die Drüsenausführungsgänge des Zylinderepithels überwuchert. Der weißlich-gelbliche Zervixschleim staut sich nun in diesen Drüsen und wölbt die überhäutete Oberfläche nach außen, was den etwa linsengroßen Zysten in der Tat das Aussehen kleiner Eier gibt.

Beschwerden machen diese Zysten nicht. Sie werden zumeist im Rahmen gynäkologischer Routineuntersuchungen entdeckt und allenfalls als Nebenbefund registriert. Glücklicherweise besteht zumindest in diesem Punkt ein einhelliges Meinungsbild innerhalb der Gynäkologenschaft, daß nämlich Ovula Nabothi keinerlei Behandlung bedürfen.

Polypen – Wucherungen der Gebärmutterschleimhaut

Polypen sind gutartige Wucherungen der Schleimhaut, die sowohl im Bereich des Gebärmutterhalses (Zervixpolypen) als auch im Gebärmutterkörper (Korpuspolypen) vorkommen können.

Zervixpolypen – Wucherungen am Muttermund

Sie sind wesentlich häufiger als Korpuspolypen und weisen zumeist die Größe einer Erbse oder Bohne auf. Gestielte Polypen lassen sich häufig bei der gynäkologischen Untersuchung mit dem bloßen Auge im Bereich des Gebärmutterhalses ausmachen oder hängen sogar vor dem Muttermund. Zervixpolypen können Blutungsanomalien verursachen oder durch ihren Schleimhautüberzug einen vermehrten Sekretfluß bewirken. Die meisten Polypen machen allerdings keinerlei Beschwerden. Dennoch sollten sie entfernt werden, da etwa ein Prozent aller Zervixpolypen Zeichen einer bösartigen Entartung aufweisen. Handelt es sich um einen isolierten Polypen, dessen Ansatzstelle im Gebärmutterhalskanal gut auszumachen ist, so ist die Abtragung zumeist problemlos im Rahmen der Sprechstunde möglich, wobei darauf geachtet werden muß, den Polypen möglichst an seiner Basis abzutrennen. Ist dies nicht machbar oder liegen weitere Befunde vor, so sollte eine fraktionierte Abrasio vorgenommen werden, d.h. Gebärmutterhals und -körper werden getrennt von einander ausgeschabt (siehe S. 45). Die histologische Untersuchung des Gewebes des entfernten Polypen ist obligat.

Korpuspolypen – Wucherungen im Gebärmutterkörper

Wie die Zervixpolypen sind auch die Corpuspolypen zumeist gutartig. Da sie gehäuft um die Wechseljahre herum auftreten, hört man gelegentlich auch den Ausdruck »Matronenpolyp«.

Korpuspolypen entwickeln sich aus den tiefen Schichten der Gebärmutterschleimhaut und wölben sich in die Gebärmutterhöhle vor. Es gibt gestielte Exemplare, die bis vor den Gebärmutterhals reichen können. Bei der äußerlichen Betrachtung solcher Polypen ist dann zunächst nicht erkennbar, ob diese ihren Ursprung im Bereich des Gebärmutterhalses oder -körpers haben. Der Einsatz der Vaginalsonographie bringt meistens rasch Klarheit. Auch Korpuspolypen fallen in vielen Fällen durch Blutungsanomalien auf. Ihre Entartungstendenz ist etwas höher als die der Zervixpolypen und liegt bei etwa fünf Prozent. Im Gegensatz zu den Polypen des Gebärmutterhalses sollten Korpuspolypen nicht isoliert abgetragen werden. Ihre Entfernung muß stets mit einer Ausschabung kombiniert werden, um auch die umgebende Gebärmutterschleimhaut histologisch begutachten zu können. Der zusätzliche Einsatz der Gebärmutterspiegelung (Hysteroskopie) ist empfehlenswert, um die Polypen möglichst gezielt abtragen zu können und eventuell weitere Exemplare nicht zu übersehen.

Myome – Muskelgeschwülste der Gebärmutter

Myome sind gutartige Geschwülste der Gebärmutter, die hauptsächlich aus Muskel- und Bindegewebe bestehen. Enstprechend ihrem Sitz in der Gebärmutter unterscheidet man verschiedene Formen. Intramurale Myome wachsen in der Wand des Gebärmutterkörpers. Subseröse Myome liegen unter dem Bauchfellüberzug des Uterus und wachsen nach außen. Gelegentlich sind sie lediglich durch einen Stiel mit dem Gebärmutterkörper verbunden. Submuköse Myome liegen unter der Gebär-

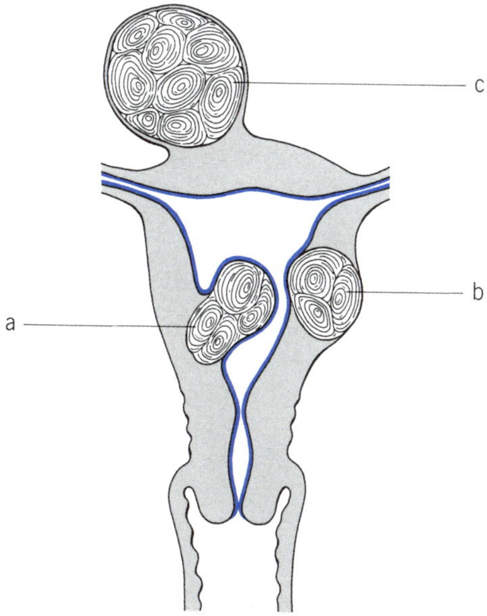

Abb. 23: Myome entstehen aus der Muskelschicht der Gebärmutter. Das submuköse Myom (a) sitzt direkt unter der Schleimhaut (grün), das intramurale (b) in der Wand und das subseröse (c) an der Oberfläche der Gebärmutter unter ihrem Bauchfellüberzug.

mutterschleimhaut und wölben sich in die Gebärmutterhöhle vor. Auch sie können gestielt vorkommen und finden sich dann gelegentlich im Gebärmutterhals oder liegen sogar vor dem Muttermund.

Myome können enorme Ausmaße erreichen. Kindskopfgroße oder sogar darüber hinausgehende Exemplare sind keine Seltenheit und verleihen ihren Trägerinnen dann gelegentlich das Aussehen einer Schwangeren im vierten oder fünften Monat. Häufig treten Myome nicht nur einzeln, sondern zu mehreren in der Gebärmutter auf. Man spricht dann von einem Uterus myomatosus. Mit dem etwas saloppen Begriff »Kartoffelsackuterus« werden Gebärmütter bezeichnet, die von einer Vielfalt unterschiedlich lokalisierter Myome durchsetzt sind.

In den meisten Fällen sind Myome jedoch kleinere Knoten, die zumeist als Zufallsbefunde im Rahmen von Vorsorge- oder Ultraschalluntersuchungen entdeckt werden und keine Beschwerden machen. Ab dem 35. Lebensjahr lassen sie sich bei jeder vierten Frau nachweisen. Solche Myome bedürfen keiner Behandlung.

Welches sind die Ursachen für Myome?

Aus welchem Grunde Myome entstehen, ist bis heute noch nicht geklärt. Genetische Faktoren scheinen eine Rolle zu spielen. So finden sich etwa in den Vereinigten Staaten dreimal so häufig Myome bei farbigen

Frauen wie bei weißen. Auch Übergewicht scheint ein gewisser Risikofaktor für die Entstehung der Muskelgeschwülste zu sein.

Die bisher vorliegenden Daten reichen jedoch nicht aus, »Risikopatientinnen« für die Entwicklung von Myomen zu identifizieren oder gar Verhaltensregeln aufzustellen, durch die dem Entstehen oder dem Wachstum von Myomen vorgebeugt werden könnte.

Sicher ist nur soviel: Östrogene spielen eine entscheidende Rolle beim Myomwachstum. Ohne die weiblichen Geschlechtshormone können sich die Muskelgeschwülste nicht entwickeln. So ist zum Beispiel nach Abschluß der Wechseljahre nicht mehr mit einem weiteren Myomwachstum zu rechnen, häufig kommt es zu einem Schrumpfen bestehender Geschwülste. Auch bei jüngeren Frauen sind Myome selten. Hauptsächlich betroffen ist die Altersgruppe der 35 bis 50jährigen Patientinnen.

Welche Beschwerden machen Myome, und wann müssen sie behandelt werden?

Als generellen Grundsatz kann man sich merken: Myome, die keine Beschwerden machen, müssen auch nicht behandelt werden.

Zu den häufigsten durch Myome hervorgerufenen Beschwerden gehören verstärkte und/oder verlängerte Regelblutungen. Das Ausmaß der Beschwerden hängt dabei weniger von der Größe als vielmehr vom Sitz des Myoms ab. Submuköse, in die Gebärmutterhöhle hineinreichende Myome verursachen Blutungsstörungen, weil sie die Abheilung der menstruellen Wunde behindern. Intramurale Myome beeinträchtigen die Fähigkeit der Gebärmutter, sich zusammenzuziehen, die ein wichtiger Faktor für die Blutstillung ist. Auch hieraus resultieren verlängerte Blutungen. Subseröse Myome machen zumeist keine Blutungsstörungen.

Druck- und Verdrängungsbeschwerden treten zumeist bei subserösen Myomen auf, wenn diese eine außergewöhnliche Größe erreichen. Bei nach vorne ausladenden Myomen kann es zu einem Druck auf die Blase kommen. Da die Blase sich nicht mehr ausreichend füllen kann, ist ein häufiger Harndrang die Folge. Auch Störungen der Blasenentleerung kommen vor.

Nach hinten wachsende Myome drücken dagegen auf den Enddarm, was eine Verstopfung zur Folge haben kann. Gelegentlich bestehen die einzigen Beschwerden auch nur in einem diffusen »Fremdkörpergefühl«. Bei Bewegung, beim Sport oder beim Sex verspüren die betroffenen Frauen dann, »daß da etwas in meinem Bauch ist«.

Nur selten machen sich Myome durch Schmerzen bemerkbar. Diese treten allenfalls kombiniert mit den Blutungen auf, wobei auch dann nicht sicher ist, ob die Myome tatsächlich die eigentliche Schmerzursache darstellen. Ein sehr akuter, heftiger Schmerz entsteht, wenn ein gestieltes Myom sich um die eigene Achse dreht und sich im Rahmen dieser »Stieldrehung« die eigene Blutversorgung unterbindet. Das daraus resultierende Bild des »akuten Bauchs« ist die einzige myombedingte Komplikation, die eine sofortige, notfallmäßige Operation erforderlich macht. Glücklicherweise sind solche Komplikationen sehr selten.

Die Entartung eines Myoms zu einem Krebs ist eine absolute Rarität. Vorsicht ist lediglich dann geboten, wenn ein Myom sehr schnell wächst oder aber sich nach den Wechseljahren auch ohne Hormoneinfluß weiterentwickelt. Keinesfalls sollten jedoch symptomlose Myome zwecks »Krebsprophylaxe« entfernt werden.

Als Ursache für eine Sterilität (ungewollte Kinderlosigkeit) kommen Myome nur selten in Betracht. Zwar finden sich bei kinderlosen Frauen häufig Myome als Zufallsbefunde, jedoch stellen diese nur dann den eigentlichen Grund für die Sterilität dar, wenn ihr Sitz die Einmündung der Eileiter in die Gebärmutter blockiert. Eine Operation ist jedoch auch dann zu überlegen, wenn beim Vorliegen größerer Myome noch Kinderwunsch besteht, da Myome in der Schwangerschaft häufig einen zusätzlichen Wachstumsschub bekommen und auch gelegentlich eine Fehlgeburt verursachen können. Falls nach dem Entfernen des Myoms eine Schwangerschaft eintritt, ist allerdings weiterhin Vorsicht geboten. Die Narbe, die das entfernte Myom an der Gebärmutter hinterläßt, besitzt nicht die Elastizität und Dehnbarkeit der ursprünglichen Uterusmuskulatur. Bei der Entbindung besteht daher eine gewisse Gefahr, daß diese Narbe reißt. Gegebenenfalls sollte dann von vornherein eine Kaiserschnittentbindung geplant werden.

Wie lassen sich Myome behandeln?

In vielen gynäkologischen Lehrbüchern findet sich noch immer die Meinung, die Standardtherapie zur Behandlung von Myomen sei die Gebärmutterentfernung. Lediglich bei noch bestehendem Kinderwunsch der Patientin müsse man über Alternativen nachdenken. Nach meiner Ansicht ist diese Auffassung heute nicht mehr haltbar. Die Gebärmutter ist auch nach Abschluß der Familienplanung ein erhaltenswertes Organ, und das Vorliegen einer gutartigen Geschwulst der Gebärmutter muß nicht zwangsläufig zur vollständigen Entfernung derselben führen.

Myomenukleationen und hysteroskopische Myomabtragungen, gegebenenfalls kombiniert mit einer medikamentösen Vorbehandlung, sind Möglichkeiten einer organerhaltenden Therapie. Genaueres über diese Behandlung erfahren Sie in einem eigenen Kapitel ab Seite 131.

Umweltmedizin – ein neuer Fachbereich entsteht

Warum entwickeln manche Frauen eine Endometriose und andere nicht? Warum wachsen Myome bei einigen Patientinnen zu enormer Größe, während andere damit keine Probleme haben? Warum erkrankt jede zehnte Frau in Deutschland an Brustkrebs und die übrigen neun bleiben verschont?
Die Medizin hat auf diese Fragen zur Zeit allenfalls Vermutungen anzubieten. Genetische Faktoren spielen offensichtlich eine wichtige Rolle, familiäre Häufungen sind für die genannten Erkrankungen eindeutig nachweisbar. Störungen der körpereigenen Immunabwehr scheinen das Geschehen ebenfalls zu beeinflussen, allerdings sind diese Vorgänge so komplex, daß sich therapeutische Konsequenzen daraus momentan nicht ableiten lassen. In letzter Zeit wird darüber hinaus immer häufiger ein weiterer Faktor angeführt, der für die genannten Erkrankungen verantwortlich gemacht wird: die Umwelt.
Daß schädigende Umwelteinflüsse krank machen können, ist keineswegs eine neue Erkenntnis. Der Einfluß radioaktiver Strahlung auf das Erbgut, der Zusammenhang zwischen Asbest und bösartigen Lungenerkrankungen, die Wirkung von DDT auf das blutbildende System sind seit langem bekannt. Umweltkatastrophen wie das Unglück von Seweso oder der durchgebrannte Reaktor in Tschernobyl haben ebenfalls dazu beigetragen, das Bewußtsein dafür zu schärfen, daß die Zerstörung unserer Umwelt nicht ohne Auswirkungen auf die eigene Gesundheit bleibt.
Aber was hat es mit jenen Schadstoffen auf sich, die jeder von uns täglich in kleinen und kleinsten Mengen aufnimmt, auch wenn er keinen besonderen beruflichen Belastungen ausgesetzt ist und weder in Tschernobyl noch in Bitterfeld wohnt? Machen Amalgamplomben wirklich krank? Sind Schwermetalle verantwortlich für die hohe Rate steriler Ehen in Deutschland? Verursachen Handys Hirntumore?
Mit diesen Fragen beschäftigt sich eine zunehmende Anzahl von Ärzten und Naturwissenschaftlern, die damit einen völlig neuen medizinischen Fachbereich begründen: die Umweltmedizin. Ihre Aufgabe ist alles andere als einfach. Normalerweise wird in der Medizin verlangt, daß für eine bestimmte Erkrankung eine auslösende Ursache gefunden wird, die sich mit einer speziellen Therapie beseitigen läßt. Bei einer Blasenentzündung werden im Urin Bakterien nachgewiesen, die nach einer antibiotischen Behandlung wieder verschwinden. Das Problem ist behoben.
In der Umweltmedizin liegen die Dinge nicht ganz so einfach. Die Krankheitsbilder, für die Umweltfaktoren als Auslöser diskutiert werden, sind nur selten klar definiert. In vielen Fällen geht es eher darum, inwieweit Umweltgifte Co-Faktoren für bestimmte Erkrankungen, z.B. für die Endometriose, darstellen.
Im Blut von endometrioseerkrankten Frauen konnten z.B. in einer Reihe von Untersuchungen erhöhte Konzentrationen von polychlorierten Biphenylen (PCB –

in vielen Holzschutzmitteln enthalten) und auch in Dioxinen (dem Seweso-Gift) ermittelt werden. Dies ist sicherlich ein Hinweis auf einen möglichen Zusammenhang von Umweltschadstoffen und Endometriose, aber noch lange kein Beweis. Zumal Blutuntersuchungen bei Umwelterkrankungen ohnehin nur bedingt aussagekräftig sind. Viele der giftigen Schwermetallverbindungen sind nämlich ausgesprochen lipophil, d.h. sie lagern sich hauptsächlich im Fettgewebe ab und werden dort über einen langen Zeitraum gespeichert. Die tatsächliche Belastung des Körpers mit solchen Stoffen kann also in Wirklichkeit viel höher liegen als die Bestimmung ihrer Konzentration im Blut vermuten läßt.
Um aus vagen Theorien über umweltbedingte Erkrankungen gesicherte Erkenntnisse werden zu lassen, bedarf es häufig aufwendiger Untersuchungen. Eines der wenigen Tiere, das an Endometriose erkrankt und bei dem der Krankheitsverlauf dem beim Menschen gleicht, ist der Rhesusaffe. In Langzeituntersuchungen konnte von mehreren Arbeitsgruppen unabhängig voneinander nachgewiesen werden, daß durch eine erhöhte Exposition dieser Tiere mit PCB und Dioxinen eine Endometriose ausgelöst werden konnte. Offensichtlich üben diese Stoffe eine direkte Wirkung auf bestimmte Hormonrezeptoren aus, was die Tatsache erklärt, daß sie bei vielen hormonabhängigen Erkrankungen – Endometriose, Myome, Sterilität, Brustkrebs – in erhöhter Konzentration gefunden werden.
Aber wie steht es mit den therapeutischen Möglichkeiten? Läßt sich gegen die schleichende Vergiftung überhaupt etwas unternehmen? Kann die Umweltmedizin nur Zusammenhänge aufzeigen oder hat sie auch Lösungsvorschläge?
Vereinzelte Erfolge lassen sich bereits vermelden. So stellten israelische Wissenschaftler Ende der 70er Jahre fest, daß in ihrem Land die Belastung der Kuhmilch mit dem Organgift Lindan und HCH (Hexa-Chlorocyclohexan) extreme Werte aufwies. Beiden Stoffen wird eine Rolle bei der Entstehung des Brustkrebses zugeschrieben. Ab Frühjahr 1978 wurden sowohl Lindan als auch HCH aus dem Kuhfutter verbannt, und die Spiegel in der Kuhmilch und der Muttermilch sanken um 90 bis 98 %.
10 Jahre später konnte der Erfolg dieser Maßnahme verzeichnet werden. Im Gegensatz zu allen anderen Industrienationen hatte in Israel die Brustkrebssterberate nach 1977 dramatisch abgenommen, am stärksten mit 34 % in der jüngsten Altersgruppe der 25 bis 34jährigen. Nur die über 75jährigen profitierten nicht mehr von diesem Abwärtstrend.
Das Beispiel Israel beweist, wie wichtig und hilfreich das Fach Umweltmedizin sein kann. Dennoch ist auch eine gewisse Vorsicht geboten. Denn das Bewußtsein für – und die Angst vor – schädlichen Umwelteinflüssen hat in letzter Zeit stark zugenommen. Alles, was sich medizinisch nicht genau zuordnen läßt, findet plötzlich in irgendwelchen Umwelttoxinen seine Erklärung.
»Vergiftet« zu sein kommt zunehmend in Mode, und mancher Hypochonder ist glücklich, endgültig den Grund für seine vielfältigen, aber bislang unverstandenen Leiden gefunden zu haben.

Eine im grauen Bereich tätige Gesundheitsindustrie macht sich bereits daran, die diffusen Ängste breiter Bevölkerungsgruppen planmäßig auszubeuten. Wie so etwas abläuft, ist bekannt. Eine Krankheit, die nicht klar definiert ist, wird mit einer Methode nachgewiesen, für die jede wissenschaftliche Grundlage fehlt. Die Ergebnisse der Tests sind in keiner Weise nachprüfbar, dafür hat die vorgeschlagene Therapie bisher in keiner seriösen Untersuchung den Nachweis ihrer Wirksamkeit erbracht. Sollte der Patient nach erfolgter Behandlung – die zumeist äußerst kostspielig und natürlich selbst zu zahlen ist – bemerken, daß es ihm nun keineswegs besser geht, so ist auch hierfür bereits eine Erklärung parat: Ohne die Therapie ginge es ihm sicherlich noch wesentlich schlechter.
Ein solches Abgleiten in eine kommerziell ausgerichtete Paramedizin sollte dem neu zu gründenden Fach Umweltmedizin erspart bleiben. Dazu ist es unbedingt erforderlich, die Forschungen in diesem Bereich von vornherein auf eine wissenschaftliche Grundlage zu stellen. Das mag schnellen und spektakulären Erfolgen im Wege stehen, langfristig sichert es aber das Überleben der Umweltmedizin als einer ernstzunehmenden medizinischen Disziplin. Nach allen vorliegenden Erkenntnissen ist das Thema »umweltbedingte Erkrankungen« zu wichtig, als daß man es medizinisch halbgebildeten Geschäftemachern überlassen darf.

Macht uns die Umwelt krank? Neue Forschungsergebnisse legen den Verdacht nahe, daß Umweltgifte für eine Reihe gynäkologischer Krankheitsbilder mitverantwortlich sind.

Gebärmutterhalskrebs (Zervixkarzinom)

Der Krebs des Gebärmutterhalses (Zervixkarzinom) ist eine der wenigen Krebsarten, bei denen die Erkrankungszahlen rückläufig sind. Der Grund für diese erfreuliche Entwicklung liegt in der Effektivität der gynäkologischen Vorsorgeuntersuchung. Wie wir bereits im Abschnitt »Der Krebsabstrich« gesehen haben, erfolgt die Entartung gesunder Zellen des Gebärmutterhalses zu Krebszellen nicht plötzlich, sondern entwickelt sich über mehrere Zwischenstufen. Mittels des Pap-Abstriches lassen sich diese auch als Dysplasien bezeichneten Zwischenstufen frühzeitig erkennen. Bei fortgeschrittenen Zellveränderungen ist gegebenenfalls eine Abklärung mittels Konisation (siehe S. 41) erforderlich. Zu gut 90% entwickeln sich die Zervixkarzinome aus dem Plattenepithel des äußeren Muttermundes, nur knapp 10% entstehen im Zylinderepithel des Gebärmutterhalses.

Bei konsequenter Nutzung der gynäkologischen Krebsvorsorge könnte die Problematik des Zervixkarzinoms wahrscheinlich bald zu einem Kapitel der Medizingeschichte werden. Da aber noch immer nur knapp ein Drittel aller Frauen diese kostenlose Untersuchungsmöglichkeit nutzt, wird der Gebärmutterhalskrebs die Frauenärzte wohl noch länger beschäftigen.

Was sind die Ursachen?

Wie bei den meisten Krebsarten, so gab es auch beim Zervixkarzinom bis vor kurzem kaum gesicherte Erkentnnise über die eigentlichen Erkrankungsursachen. Bekannt war lediglich die Tatsache, daß Frauen mit häufig wechselnden Sexualpartnern zu einem höheren Prozentsatz erkrankten als ihre monogam lebenden Geschlechtsgenossinnen. Nonnen bekamen so gut wie nie ein Zervixkarzinom. Dieser Umstand führte in der Fachwelt zu wilden Spekulationen, die nicht immer frei von moralisierenden Untertönen waren.

Die Rolle der Humane-Papilloma-Viren

Die Forschungsergebnisse der letzten Jahre haben viel zur Erhellung dieser Zusammenhänge beigetragen. Eine entscheidende Rolle bei der Entwicklung des Gebärmutterhalskrebses spielen demnach sogenannte Humane-Papilloma-Viren (HPV), von denen inzwischen fast 100 Untertypen isoliert wurden.

Die meisten dieser Subtypen sind relativ harmlos. So rufen etwa HPV 6 und 11 die lästigen, aber keinesfalls bösartigen Feigwarzen (Condylomata acuminata) hervor. Hierbei handelt es sich um reiskorngroße Gebilde im Bereich des Scheideneinganges und des Afters, die zu den sexuell übertragbaren Erkrankungen gehören und auch Männer befallen können. Für die Entwicklung eines Zervixkarzinoms wurden die HPV-Subtypen 16 und 18 als besonders gefährlich erkannt. Sie können sich in das Epithel des Gebärmutterhalses einnisten und dort Zellveränderungen bewirken, die über Jahre hinweg zu einer Krebserkrankung führen. Die Tatsache, daß die Papillomaviren sexuell übertragen werden, erklärt somit auch die Beobachtung, daß Frauen mit häufig wechselnden Geschlechtspartnern ein erhöhtes Erkrankungsrisiko haben. Allerdings sind es wohl nicht die Viren alleine, die die Erkrankung bewirken. Sogenannte Co-Faktoren müssen hinzukommen. Einer dieser Co-Faktoren ist offensichtlich das Nikotin. Für Raucherinnen wurde ein deutlich erhöhtes Risiko ermittelt, an einem Zervixkarzinom zu erkranken.

Die Erkenntnis, daß es sich beim Krebs des Gebärmutterhalses im wesentlichen um eine Viruserkrankung handelt, wird für die Zukunft weitreichende Konsequenzen haben. Schon jetzt sollte deshalb in den Labors umgelernt und bei der Untersuchung der Krebsabstriche nicht nur nach Dysplasien gefahndet, sondern gezielt nach Anhaltspunkten für einen Virusbefall gesucht werden. Dieser macht nämlich recht charakteristische Veränderungen an den Zellen, die unter dem Mikroskop wie aufgeblasen aussehen. Mit dem griechischen Begriff für hohl (koilos) werden diese Zellen auch als »Koilozyten« bezeichnet. Bei Gewebeproben aus dem Muttermund sollte künftig die Bestimmung der Papillomaviren obligatorisch sein, um herauszufinden, ob eine der gefährlichen Subtypen vorliegt. Noch sind die entsprechenden Tests relativ teuer und aufwendig, doch angesichts der großen Bedeutung und der weiten Verbreitung entsprechender Muttermundsveränderungen sollte es der pharmazeutischen Industrie gelingen, bald auch preiswertere, aussagefähige Tests herzustellen.

Wie sieht die Behandlung aus?

In absehbarer Zukunft wird es wohl auch gelingen, mittels der isolierten Viren einen entsprechenden Impfstoff zu produzieren. Die relativ stabilen Papillomaviren eignen sich hierfür besser als z.B. die sich schnell verändernden Grippeviren oder gar die HIV-Erreger. Der Gebärmutterhalskrebs wäre dann die erste Krebserkrankung, gegen die man sich impfen lassen kann.

Noch allerdings ist es nicht soweit, und wer heute an einem Gebärmutterhalskrebs erkrankt, der muß sich wohl oder übel dem klassischen Arsenal der Krebstherapie stellen. Operation, Bestrahlung und Chemotherapie sind auch beim Zervixkarzinom die Säulen der Krebsbehandlung, wobei der Chemotherapie nur eine untergeordnete Bedeutung zukommt.

Ist ein Zervixkarzinom durch entsprechende Gewebeproben nachgewiesen und geht der Befund über ein sogenanntes Carcinoma in situ, also einen nur die oberflächlichen Zellen betreffenden Krebs hinaus (siehe Seite 43), so ist eine größere Operation unausweichlich. Der Standardeingriff beim Gebärmutterhalskrebs ist die radikale Hysterektomie, die nach ihrem Erstbeschreiber, dem Wiener Gynäkologen Ernst Wertheim, auch als Wertheim-Operation bezeichnet wird. Hierbei wird über einen Bauchschnitt die Gebärmutter einschließlich ihres Aufhänge- und Bandapparates (Parametrien) sowie der Lymphknoten im kleinen Becken entfernt. Auch einige Zentimeter des oberen Anteils der Scheide müssen abgesetzt werden. Die Mitentfernung der Eierstöcke ist dagegen nicht zwingend erforderlich.

Bei noch sehr kleinen Karzinomen im Frühstaduim kann der Eingriff eventuell weniger radikal gehalten werden. Weit fortgeschrittene Fälle eignen sich dagegen zumeist gar nicht mehr für eine Operation. Hier lassen sich durch den Einsatz der Strahlentherapie jedoch noch gute Erfolge erzielen.

Die Strahlentherapie hat durch den technischen Fortschritt der letzten Jahre einiges von ihrem Schrecken verloren. Die erforderlichen Strahlendosen werden inzwischen exakt berechnet, und das Strahlungsgebiet kann bis auf eine Abweichung von 0,3 mm sehr genau begrenzt werden. So lassen sich unkontrollierte Verbrennungen mit Auswirkungen auf die Nachbarorgane weitgehend vermeiden.

Auch die gefürchteten Radiumeinlagen, die früher ein stundenlanges Liegen der Patientin in entsprechenden Bleikammern erforderten, sind inzwischen durch schonendere Verfahren ersetzt. Bei der sogenannten

»Afterloading-Technik« wird zunächst eine leere Applikatorhülse in die Scheide eingelegt und das radioaktive Material erst anschließend automatisch eingebracht. Dadurch kann eine unnötige Strahlenbelastung vermieden und die Bestrahlungszeit insgesamt deutlich vermindert werden. Gelegentlich wird auch eine Nachbestrahlung erforderlich, wenn durch die Operation der Tumor nicht vollständig entfernt werden konnte bzw. aufgrund seiner Ausdehnung zu befürchten ist, daß weitere Streuherde vorliegen.

Der Einsatz der Chemotherapie ist beim Zervixkarzinom im allgemeinen nicht sehr erfolgversprechend, allerdings gibt es Sonderformen bei den Krebszellen, die auf bestimmte Zytostatika ansprechen.

Die Prognose des Gebärmutterhalskrebses hängt wie bei allen Karzinomen im wesentlichen davon ab, in welchem Stadium er entdeckt und behandelt wird. Im Stadium I, in dem der Krebs noch nicht auf andere Organe übergegriffen hat, liegen die Heilungschancen zwischen 75 und 90 %.

Noch einmal sei betont, daß in Deutschland keine Frau an Gebärmutterhalskrebs erkranken müßte, da sich die entsprechenden Vorstufen im Rahmen der Vorsorgeuntersuchung einfach und sicher diagnostizieren lassen. Wer den jährlichen Gang zur Untersuchung dennoch scheut, sollte spätestens dann seinen Gynäkologen aufsuchen, wenn unregelmäßige Blutungen und insbesondere Blutungen nach Verkehr auftreten. Diese können nämlich ein Hinweis auf einen Gebärmutterhalskrebs sein.

Gebärmutterkörperkrebs (Korpuskarzinom)

Im Gegensatz zum Krebs des Gebärmutterhalses, an dem bereits sehr junge Frauen erkranken können, betrifft der Gebärmutterkörperkrebs (Korpuskarzinom) vorwiegend Frauen jenseits der Wechseljahre. Er zeichnet für etwa zehn Prozent aller weiblichen Krebserkrankungen verantwortlich. Da er seinen Ausgang von der Gebärmutterschleimhaut (Endometrium) nimmt, wird er auch als Endometriumkarzinom bezeichnet.

Risikofaktoren

Frauen, die an Übergewicht, Diabetes (Zuckerkrankheit) und Bluthochdruck leiden, gelten als besonders gefährdet, ein Endometriumkarzinom zu bekommen. Den entscheidenden Faktor stellt dabei offensichtlich das Übergewicht dar. Fettgewebe hat nämlich die Fähigkeit, im Blut zirkulierende Östrogenvorstufen in vollwertiges Östrogen umzuwandeln, auch wenn die Eierstöcke ihre Hormonproduktion bereits eingestellt haben. Übergewichtige Frauen weisen daher im Alter höhere Östrogenspiegel auf als ihre schlanken und normalgewichtigen Geschlechtsgenossinnen. Dies hat durchaus nicht nur Nachteile. Die Osteoporose (Knochenschwund) zum Beispiel, die ja im wesentlichen eine Hormonmangelerkrankung ist, tritt bei beleibten Patientinnen deutlich seltener auf.

Auf die Gebärmutterschleimhaut wirkt sich dagegen die andauernde Stimulierung durch Östrogene negativ aus, zumal wenn eine entsprechende Gegensteuerung durch Gestagene nicht mehr erfolgt. Und diese tritt ja nach der Menopause durch die inaktiven Eierstöcke nicht mehr ein. Da die Gebärmutterschleimhaut relativ empfindlich ist, reagiert sie sowohl auf hormonelle wie auch auf krebsartige Umwandlungen zumeist mit Blutungsanomalien. Von entscheidender Bedeutung ist es, solche Blutungsanomlien ernst zu nehmen und konsequent abzuklären. Daher kann der folgende Grundsatz nicht deutlich genug herausgestellt werden:

Jede Blutung nach den Wechseljahren, auch wenn sie nur sehr leichter Natur ist, muß gynäkologisch untersucht werden.

Neue diagnostische Möglichkeiten

Anzustreben ist dabei immer eine Untersuchung des Gewebes, d.h. es wird zumeist eine Ausschabung erforderlich. Dieser Grundsatz gilt im übrigen nicht nur für Blutungen nach den Wechseljahren, sondern auch für unregelmäßige oder sonstwie auffällige Blutungen in der Zeit davor.

Dies ist um so wichtiger, als der Gebärmutterkörperkrebs im Rahmen der Vorsorgeuntersuchungen nicht so leicht zu erkennen ist wie der Gebärmutterhalskrebs. Der sogenannte Krebsabstrich erfaßt – wie bereits erwähnt – nur Veränderungen im Bereich des Muttermundes und des Gebärmutterhalses. Er reicht nicht hoch bis in die Gebärmutterhöhle. Die im Rahmen der Krebsvorsorge obligatorische Tastuntersuchung der Gebärmutter ist dagegen kein geeignetes Mittel zur Früherkennung eines Gebärmutterkörperkrebses. Da dieser von der Schleimhaut der Gebärmutterhöhle ausgeht, wäre er bei der Tastuntersuchung erst dann nachweisbar, wenn er die Gebärmutterwand bereits durchbrochen hat. In einem solchen Fall könnte man jedoch kaum noch von einer Früherkennung sprechen.

Einen deutlichen diagnostischen Fortschritt bringt hier der Einsatz der Vaginalsonographie (siehe S. 37). Mit den neuen, hochauflösenden Geräten läßt sich die Gebärmutterschleimhaut recht genau darstellen und in ihrer Höhe vermessen. Dies gibt wichtige Informationen über das eventuelle Vorliegen eines Endometriumkarzinoms bzw. seiner Vorstufen. Leider ist diese Ultraschalluntersuchung bisher noch kein fester Bestandteil der gesetzlichen Krebsvorsorge.

Angeregt durch die sehr effektiven Abstrichentnahmen vom Gebärmutterhals hat man versucht, auch Systeme zu entwickeln, die Abstriche aus der Gebärmutterhöhle ermöglichen. Inzwischen gibt es einige solcher Entnahmegeräte, die so dünn sind, daß sie den Gebärmutterhals problemlos passieren können und mit denen sich winzige Gewebeproben gewinnen lassen. Auch wenn einzelne Studiengruppen immer wieder von beachtlichen Erfolgen berichten, so bleibt doch festzuhalten, daß die mit solchen Systemen gewonnenen Proben nur bedingt aussagefähig sind. Da sich das Endometriumkarzinom häufig zunächst nur an einer bestimmten Stelle der Gebärmutterhöhle entwickelt, z.B. im seitlichen Bereich des Abganges der Eileiter aus der Gebärmutter, ist die Gefahr groß, bei der blinden Entnahme einer kleinen Gewebeprobe die entscheidende Stelle gar nicht zu erfassen. Falls bei unklaren Blutungen eine Ausschabung nicht gewünscht wird, sollte daher zumindest eine Gebärmutterspiegelung mit der Möglichkeit einer gezielten Gewebsentnahme unter Sicht durchgeführt werden.

Wie sieht die Behandlung aus?

Häufig erbringt die histologische Auswertung der Ausschabung als Ergebnis eine sogenannte Schleimhauthyperplasie. Das heißt, die Schleimhaut ist zu hoch aufgebaut, aber nicht bösartig verändert. Zwei Formen lassen sich unterscheiden. Die glandulär-zystische Hyperplasie ist Ausdruck einer übermäßig starken Stimulation der Gebärmutterschleimhaut durch Östrogene. Tritt sie nach den Wechseljahren auf und ist nicht Folge einer medikamentösen Hormonzufuhr, so muß gegebenenfalls nach einem hormonproduzierenden Tumor der Eierstöcke weitergeforscht werden. Diese Hyperplasieform geht jedoch nicht mit einem erhöhten Krebsrisiko einher und ist kein Grund für eine Gebärmutterentfernung.

Anders verhält es sich mit der sogenannten adenomatösen Hyperplasie. Sie läßt sich in drei weitere Grade unterteilen, von der zumindest der Grad III als eine echte Präkanzerose anzusehen ist. Das heißt, daß die Erkrankung nach einer gewissen Zeit mit hoher Wahrscheinlichkeit in eine Krebserkrankung übergehen wird. Eine vorbeugende Hysterektomie ist in diesen Fällen ratsam. Allerdings läßt sich im Einzelfall ein abwartendes Vorgehens rechtfertigen, wenn engmaschige und genaue Kontrolluntersuchungen vorgenommen werden.

Ist jedoch durch eine entsprechende Gewebeprobe ein Gebärmutterkörperkrebs nachgewiesen, so ist eine Operation unausweichlich. Sie muß allerdings nicht so radikal durchgeführt werden wie beim Zervixkarzinom. Während bei diesem zusätzlich zur Hysterektomie die komplette Entfernung des Aufhänge- und Bandapparates der Gebärmutter notwendig ist, was eine überaus aufwendige Operationstechnik erfordert, genügt beim Korpuskarzinom zumeist die Entfernung der Gebärmutter einschließlich der Eierstöcke sowie die Mitnahme einer Scheidenmanschette von einigen Zentimetern. Ob die Entfernung der Lymphknoten im kleinen Becken bei dieser Krebsart ebenfalls erfolgen sollte, wird zur Zeit noch kontrovers diskutiert und sollte vom Einzelfall abhängig gemacht werden.

Dagegen besteht Einigkeit darüber, daß eine Nachbestrahlung des kleinen Beckens notwendig wird, wenn der Krebs zu mehr als einem Drittel in die Tiefe der Gebärmuttermuskulatur eingedrungen ist. In diesem Fall muß man davon ausgehen, daß bereits ein Einbruch von Tumorzellen in die Blut- oder Lymphbahnen erfolgt ist, so daß eine alleinige chirurgische Therapie nicht mehr ausreicht. Eine weitere Möglichkeit der Nachbehandlung besteht in der hormonellen Therapie, bei der hauptsächlich hochdosierte Gestagene verabreicht werden. Dies setzt jedoch voraus, daß der Tumor sogenannte Hormonrezeptoren aufweist, die ihn für eine entsprechende Behandlung erst empfindlich machen. Die Bestimmung der Hormonrezeptoren sollte daher fester Bestandteil der histologischen Untersuchung sein.

Insgesamt gehört der Gebärmutterkörperkrebs nicht zu den hochaggressiven Krebsformen, wie wir sie z.B. häufig bei bösartigen Tumoren der Eierstöcke vorfinden. Bei rechtzeitiger und angemessener Therapie ist daher die Prognose ausgesprochen gut. Das Endometriumkarzinom ist kein »Killerkrebs«.

Eine glücklicherweise seltene Unterform des Gebärmutterkörperkrebses ist das Uterussarkom, das eine deutlich schlechtere Prognose aufweist. Ausgangspunkt dieser Krebsart ist nicht die Schleimhaut der Gebärmutter, sondern deren Muskulatur. An ein Sarkom muß immer dann gedacht werden, wenn die Gebärmutter nach den Wechseljahren stark wächst, ohne daß Hormone zugeführt werden.

Es sei jedoch noch einmal grundsätzlich betont, daß ein Patientenratgeber insbesondere bei Krebserkrankungen nur allgemeine Richtlinien der Behandlung beschreiben kann, niemals aber konkrete Therapieschemata vorgeben sollte. Die Behandlung von Karzinomen ist zu differenziert und von zu vielen einzelnen Faktoren abhängig, als daß sie sich in einem Ratgeber erschöpfend darstellen ließe. Hinzu kommt, daß gerade in den letzten Jahren in der Gynäkologie ein erfreulicher Trend hin zu einer Individualisierung der Krebstherapie zu beobachten ist.

Die siebziger und achtziger Jahre waren noch im wesentlichen bestimmt durch das Bemühen um eine weitgehende Standardisierung der Therapieformen anhand einer entsprechenden Einteilung der Krebsarten und der Klassifizierung ihrer Ausdehnung. In den letzten Jahren ist dagegen eine zunehmende Tendenz erkennbar, die bestehenden Schemata auf den jeweiligen Einzelfall abzustimmen. Auch Vertreter der sogenannten Schulmedizin – zu denen ich mich im übrigen auch zähle – haben inzwischen erkannt, daß sie es bei der Behandlung von Krebserkrankungen nicht nur mit Tumorstadien und Gewebeklassifikationen zu tun haben, sondern immer auch mit individuellen Patientinnen, deren Eigenheiten durchaus bei der Therapieplanung berücksichtigt werden sollten.

Der Laser – Wunderwaffe der Medizin oder teures Spielzeug?

Die sogenannte »Apparatemedizin« erfreut sich im öffentlichen Bewußtsein nicht gerade einer hohen Wertschätzung. Die zunehmende Technisierung von Krankenhäusern und Arztpraxen wird von vielen Patienten nicht länger als ein Zeichen medizinischen Fortschritts, sondern eher als ein weiterer Schritt zur »Entmenschlichung« des Medizinbetriebes erlebt. Ein große Ausnahme gibt es: den Laser.
Der Laser ist so etwas wie der Inbegriff für medizinisches High-Tech schlechthin geworden – schnell, präzise und hocheffektiv. Gleichzeitig werden ihm Eigenschaften zugeschrieben, die sonst bestenfalls alternativmedizinische Therapien für sich in Anspruch nehmen können. Lasermedizin gilt als schonend, schmerzfrei und komplikationsarm. Viele Ärzte müssen sich daher von ihren Patienten inzwischen die Gretchenfrage stellen lassen: Haben Sie denn auch einen Laser?
Was aber leistet der Laser wirklich? Ist er tatsächlich die »Wunderwaffe der Medizin«, oder aber ist der Glaube an die heilenden Kräfte des Laserlichtes einer jener seltsamen Mythen des ausgehenden 20. Jahrhunderts – geboren in den großen Kinosälen, fortgetragen in alle Welt von Millionen begeisterter »Star Wars«-Zuschauer?
Der Begriff Laser ist eigentlich ein Kunstwort. Er setzt sich zusammen aus den Anfangsbuchstaben von »Light Amplification by Stimulated Emission of Radiation« und beschreibt das technische Prinzip des Gerätes. Eine Energiequelle wird in Schwingungen versetzt und beginnt daraufhin, elektromagnetische Wellen auszusenden. Durch ein ausgeklügeltes Spiegelsystem werden diese Lichtwellen so gebündelt, daß sie nur auf einer Wellenlänge schwingen.
Bereits 1917 hatte Albert Einstein im Rahmen der Entwicklung seiner Relativitätstheorie die These aufgestellt, daß bestimmte mikrophysikalische Systeme (Atome, Ionen, Moleküle) in einem elektromagnetischen Strahlungsfeld dazu angeregt werden könnten, in einen Zustand höherer Energie (E_2) überzutreten, aus dem sie dann unter Energieabstrahlung (Emission von Photonen) wieder in ihren ursprünglichen Zustand zurückkehren.
30 Jahre später wurde diese Theorie Einsteins in Form des Lasers technisch umgesetzt. Die von einem Laser erzeugten Strahlen unterscheiden sich vom sichtbaren Licht dadurch, daß es sich bei ihnen um monochromatisches Licht, also um elektromagnetische Strahlung einer ganz bestimmten Wellenlänge, handelt. Dieses ist punktgenau gebündelt und von hoher Leistungsdichte.
Trifft dieses gebündelte Licht auf Gewebe, so wird die darin gespeicherte Energie freigesetzt, zumeist in Form von Hitze. Bei Schnitten durch das Gewebe können so z.B. gleichzeitig kleinere Blutgefäße verschweißt werden. Gewebeschichten lassen sich verdampfen (vaporisieren), wobei sich die Hitzewirkung im Gegensatz zu herkömmlichen Methoden sehr genau begrenzen läßt.
Der Laser an sich ist also keine Therapie, sondern ein medizinisches Werkzeug, das für die unterschiedlichsten Indikationen verwandt werden kann. Seine über-

ragende Präzision macht ihn überall dort unersetzlich, wo es auf allerfeinste Schnitte ankommt, z.B. bei augenärztlichen Eingriffen an der Hornhaut. Die Fähigkeit des Lasers, Gewebeschichten auf den Bruchteil eines Millimeters genau abzutragen, ohne das darunterliegende Gewebe zu zerstören, wird vor allem von Hautärzten und plastischen Chirurgen geschätzt, unter anderem zur Entfernung von Tätowierungen.

Auch in der Frauenheilkunde gibt es für den Laser eine Fülle von Anwendungsmöglichkeiten. Verwachsungen lassen sich lösen, Endometrioseherde verkochen, Ektopien am Muttermund beseitigen – kaum eine gynäkologische Operation, bei dem sich der Laser nicht anwenden ließe.

Kaum eine Operation aber auch, bei der er wirklich erforderlich wäre. Insbesondere die Hochfrequenzchirurgie, die Hitze durch Strom erzeugt und in den letzten Jahren immer weiter perfektioniert wurde, hat den Einsatz des Lasers in der Frauenheilkunde in vielen Fällen überflüssig gemacht. Manche Operationen, die früher eine klassische Indikation für den Laser darstellten, z.B. hysteroskopische Eingriffe, werden inzwischen fast nur noch mit elektrochirurgischen Instrumenten durchgeführt. Zieht man darüber hinaus die hohen Anschaffungs- und Unterhaltskosten für einen Laser in Betracht, so wird die Laserchirurgie auch unter ökonomischen Gesichtspunkten immer fragwürdiger. Viele Gynäkologen, die durchaus in der ersten Liga operieren, geben offen zu, ihr vor Jahren teuer erworbenes Lasergerät kaum noch zu nutzen. Manche andere setzen es nur noch ein »weil die Patienten das halt so wollen«.

Glücklich ist über diese Entwicklung niemand. Denn natürlich ist auch den Gynäkologen nicht entgangen, daß es sich bei der Lasertechnik um eine der faszinierendsten Zukunftstechnologien überhaupt handelt, die in vielen Bereichen der Medizin wirklich Bahnbrechendes geleistet hat. Sollte ausgerechnet in der Frauenheilkunde die Zukunft des Lasers bereits zu Ende sein? Hat man sich von ihm tatsächlich zu viel versprochen oder ist nicht der Laser viel eher »unterfordert« worden, wenn er in der Vergangenheit hauptsächlich als eine Art Präzisionsskalpell eingesetzt wurde? Kann man die vielfältigen Möglichkeiten des Lasers nicht vielleicht für völlig neue Bereiche in der Gynäkologie nutzbar machen?

Man kann. Und man ist auch bereits dabei. Das Schlüsselwort lautet: Photodynamische Therapie. Das Prinzip der photodynamischen Therapie besteht in der gezielten medikamentösen Vorbehandlung bestimmter Gewebeveränderungen und des anschließenden Einsatzes einer lasergesteuerten »Photodestruktion«.

Machbar ist dies theoretisch mit allen Zellen, die sich in irgendeiner Art und Weise von normalen Körperzellen unterscheiden, z.B. durch das Vorliegen von Hormonrezeptoren. Hormonabhängige Veränderungen liegen etwa bei der Endometriose vor.

Gelingt es, endometriotisch veränderte Zellen medikamentös so zu markieren, daß sie sich von normalen Körperzellen deutlich unterscheiden, so kann man den Laser speziell auf diese markierten Zellen »programmieren«. Im Rahmen der anschließenden Lasertherapie wird dann selektiv nur noch die markierte Zelle zerstört, während gesunde Körperzellen unbeeinflußt bleiben. Das gleiche ist auch für Tumorzellen denkbar, die speziell im gynäkologischen Bereich häufig hormonabhängig sind bzw. sich in anderen Kriterien, z.B. ihrer Gefäßversorgung, von gesunden Körperzellen unterscheiden.

Im Sprachgebrauch der Militärs werden inzwischen »chirurgische Anschläge« favorisiert, d.h. man zerstört die entscheidenden Stützpunkte des Feindes, ohne dabei der Zivilbevölkerung allzu große Schäden zuzufügen. Leider ist – insbesondere in der Krebstherapie – die Medizin noch längst nicht so weit, wie dies die Militärs offensichtlich annehmen. Üblich ist noch immer – z.B. bei der Chemotherapie – das »Flächenbombardement«, das zwar den Feind (die Tumorzellen) empfindlich schädigt, aber auch hohe Verluste unter der unschuldigen Zivilbevölkerung (den gesunden Körperzellen) fordert. Der Einsatz der photodynamischen Therapie wird es erstmals möglich machen, das militärische Prinzip der »Lenkwaffen« auf den medizinischen Bereich der Krebstherapie zu übertragen.

Womit wir wieder bei »Star Wars« wären, dem erfolgreichsten Kinoereignis aller Zeiten, das den Glauben an die unbegrenzten Möglichkeiten des Lasers tief im Bewußtsein der Weltbevölkerung verankert hat. Auch »Star Wars« war von vornherein als eine Trilogie konzipiert. Darüber hinaus schaffte die Spielberg-Produktion etwas in der Kinogeschichte Einmaliges. Als die Trilogie gut 20 Jahre nach ihrer Erstausstrahlung, geringfügig überarbeitet, noch einmal in die Kinos kam, wurde sie erneut zu einem großen Publikumserfolg.

Was lernen wir daraus für die Lasermedizin? Teil eins der Reihe »Der Laser in der Frauenheilkunde« war ein Achtungserfolg, aber bei weitem nicht der Knüller, den sich Publikum und Kritik erwartet hatten. Teil zwei ist in Vorbereitung und wird mit völlig neuen technischen Effekten aufwarten. Ein Starttermin steht zwar noch nicht fest, doch bereits jetzt sind sich die Experten einig, daß der zweite Teil wesentlich spannender werden wird als der erste. Über Teil drei wollen wir hier noch nicht spekulieren. Nur so viel steht fest: Auch er wird kommen.

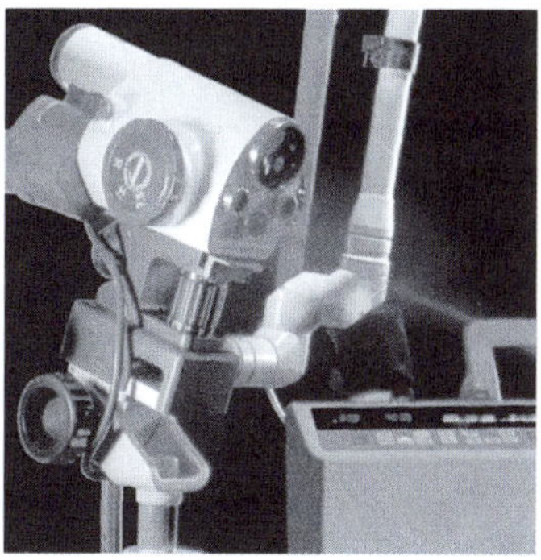

Die Totaloperation: die vollständige Entfernung der Gebärmutter

Ist die Entscheidung für eine Entfernung der Gebärmutter gefallen, so stellt sich die Frage nach dem richtigen technischen Vorgehen. Im folgenden werden die unterschiedlichen Operationsverfahren einschließlich ihrer Vor- und Nachteile kurz erläutert. Dabei werden zunächst in diesem Kapitel die verschiedenen Formen der Totaloperation beschrieben, bei der Gebärmutterkörper und Gebärmutterhals zusammen entfernt werden. Die Frage, ob sogenannte subtotale Gebärmutterentfernungen (CISH und LASH), bei denen der Gebärmutterhals **nicht** mitentfernt wird, medizinisch sinnvoll sind, ist gegenwärtig unter Gynäkologen noch heftig umstritten. Daher werden diese Methoden zur Zeit nur von wenigen gynäkologischen Abteilungen angeboten. Das nächste Kapitel gibt darüber Auskunft.

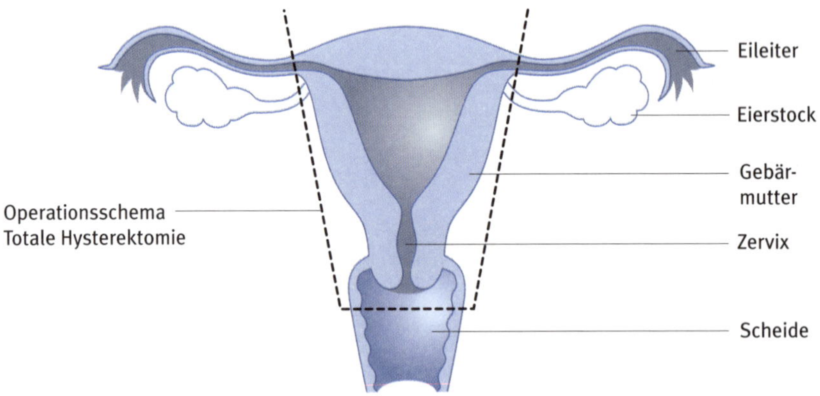

Abb. 24: Totale Hysterektomie.

Die abdominale Hysterektomie

Dies ist die klassische Gebärmutteroperation über einen Bauchschnitt. Der Vorteil liegt in der guten Übersichtlichkeit des zu operierenden Bereiches, was auch eine Mitbeurteilung anderer Organe erlaubt. Die abdominale Hysterektomie ist immer dann erforderlich, wenn die Gebärmutter sehr groß ist (z.B. durch eine Vielzahl von Myomen), wenn begleitende Erkrankungen der Eierstöcke vorliegen oder wenn, bedingt durch Voroperationen, mit ausgedehnten Verwachsungen (Verklebungen der Gebärmutter mit Darm oder Blase) zu rechnen ist. Bei Gebärmutterentfernungen, die aufgrund von Krebserkrankungen vorgenommen werden, erfolgt der Zugang zur Leibeshöhle prinzipiell über einen Bauchschnitt, um die Ausbreitung des Tumorgeschehens genau beurteilen und gegebenenfalls Lymphknoten des kleinen Beckens mitentfernen zu können.

Zur Schnittführung wird heute zumeist der sogenannte »Pfannenstielschnitt« gewählt, der im Bereich der oberen Schamhaargrenze angelegt wird und nach Abheilung kaum noch zu sehen ist. Der kosmetisch weniger schöne Längsschnitt, der vom Schambeinknochen bis zum Nabel reicht, ist nur bei extrem großen Myomen oder bei radikalen Hysterektomien nach Wertheim (siehe Seite 109) erforderlich. Die abdominale Hysterektomie erfolgt unter Vollnarkose. Der Krankenhausaufenthalt beträgt etwa 10 Tage. Die Fäden werden etwa am 8. Tag nach der Operation gezogen. Nach Entlassung aus dem Krankenhaus besteht zumeist noch eine Arbeitsunfähigkeit für vier bis sechs Wochen.

Die vaginale Hysterektomie

Wesentlich eleganter und für die Patientin weniger belastend ist die Entfernung der Gebärmutter von der Scheide aus. Dabei wird der Gebärmutterhals umschnitten, die Gebärmutter aus den umgebenen Gewebestrukturen vollständig herauspräpariert und abschließend die Scheide mit selbstauflösenden Fäden vernäht.

Sowohl bei der abdominalen wie bei der vaginalen Hysterektomie verzichtet man inzwischen auf einen vollständigen Verschluß der Scheide, und beläßt stattdessen eine kleine Öffnung, damit eventuelles Wundsekret, das sich nach der Operation bildet, problemlos abfließen kann. Diesen Sekretfluß bemerkt manche Patientin nach der Operation als einen vorübergehend vermehrten vaginalen Ausfluß. Er versiegt nach zwei bis drei Wochen, wenn sich die kleine Öffnung am oberen Ende der Scheide spontan verschlossen hat.

Durch die Vermeidung des Bauchschnittes ist die vaginale Hysterektomie für die Patientin weniger schmerzhaft. Darüber hinaus bleiben keinerlei sichtbare Narben zurück. Die Krankenhausentlassung kann zumeist schon nach fünf oder sechs Tagen erfolgen.

Der Nachteil der vaginalen Hysterektomie liegt in dem beengten Operationszugang durch die Scheide und in den daraus resultierenden schlechten Sichtverhältnissen. Die Operation wird vor allem dann schwierig, wenn die Patientin keine Kinder geboren hat und die Scheide sehr eng ist. Auch eine massiv vergrößerte Gebärmutter sowie begleitende Erkankungen der Eierstöcke können das Vorgehen problematisch machen.

Manchmal treten während einer vaginalen Hysterektomie Schwierigkeiten auf, die es nicht erlauben, die Operation auf diesem Wege fortzuführen. Dann ist es notwendig, doch einen Bauchschnitt zu machen, um den Eingriff erfolgreich zu beenden. Auf diesen Sachverhalt muß in dem der Operation vorangehenden Gespräch hingewiesen werden. Er ist auch in den üblichen Aufklärungsbögen vermerkt.

Ob eine Gebärmutterentfernung von der Scheide aus möglich ist oder nicht, hängt von gewissen objektiven Gegebenheiten ab, hauptsächlich aber von der Erfahrung und Schulung des Operateurs. In den Vereinigten Staaten, sonst zumeist als Hort des medizinischen Fortschritts gepriesen, werden z.B. weniger als 25 % aller Hysterektomien auf vaginalem Wege durchgeführt, da diese Art zu operieren dort keine Tradition hat. In den deutschsprachigen Ländern dagegen werden vaginale Operationen seit vielen Jahrzehnten praktiziert, so daß die Rate an entsprechenden Eingriffen hier deutlich höher ist.

Ein vaginales Vorgehen ist schließlich immer dann angezeigt, wenn gleichzeitig eine ausgeprägte Gebärmuttersenkung vorliegt. In diesem Fall wird gleichzeitig eine operative Rekonstruktion des Beckenbodens vorgenommen (vaginale Hysterektomie mit vorderer und hinterer Plastik, siehe S. 86). Durch die Ausweitung der Operation verlängert sich auch der Krankenhausaufenthalt um einige Tage.

Die Hysterektomie per Bauchspiegelung

In den achtziger Jahren erlebte die sogenannte minimalinvasive Chirurgie, das Operieren per Bauchspiegelung (Laparoskopie), einen enormen Aufschwung. Vor allem in der Gynäkologie konnten viele Operationen, die zuvor einen Bauchschnitt erforderlich machten, nun mit Hilfe der »Schlüssellochchirurgie« durchgeführt werden. Die Vorteile für die Patientinnen waren evident: weniger Schmerzen, kleinere Narben und deutlich kürzere Liegezeiten.

Angesichts der enormen Weiterentwicklung laparoskopischer Instrumente und Techniken war es nur eine Frage der Zeit, bis auch die Gebärmutterentfernung mittels Bauchspiegelung in Angriff genommen wurde. Doch selbst engagierte Befürworter dieser Methode sehen hier eine kritische Grenze erreicht. Die Frage stellt sich, ob alles, was technisch machbar ist, auch unbedingt medizinisch vernünftig ist.

Die vollständige Entfernung der Gebärmutter per Bauchspiegelung ist eine äußerst aufwendige Operation, die zudem meist noch einen zusätzlichen vaginalen Eingriff erfordert, um die Scheide am oberen Ende zur Bauchhöhle hin zu verschließen. Die Operationszeit gegenüber anderen Verfahren ist deutlich verlängert. Komplikationen – selbst in den Händen erfahrener Operateure – sind häufiger als bei den klassischen Eingriffen.

Ist eine Entfernung der Gebärmutter von der Scheide aus möglich, so ist die vaginale Hysterektomie gegenüber der laparoskopischen Variante sicherlich der schnellere, unkompliziertere und damit minimalinvasivere Eingriff.

Die vaginale Hysterektomie mit Hilfe der Bauchspiegelung

Der Fachausdruck für diese Operationstechnik heißt laparoskopisch-assistierte vaginale Hysterektomie (LAVH). Sinnvoll ist der Einsatz der Bauchspiegelung immer dann, wenn sich durch ihn ein Bauchschnitt vermeiden läßt. Eine pragmatische Kombination aus laparoskopischer und vaginaler Vorgehensweise stellt die laparoskopisch-assistierte vaginale Hysterektomie dar. Bei diesem Verfahren wird die Bauchspiegelung eingesetzt, um Verwachsungen zu lösen, Zysten am Eierstock auszuschälen oder ganz allgemein Veränderungen zu beseitigen, die einer vaginalen Hysterektomie im Wege stehen. Durch die Bauchspiegelung werden also lediglich die Voraussetzungen geschaffen, die Gebärmutter anschließend von der Scheide aus entfernen zu können.

Manche Gynäkologen, die im vaginalen Operieren sehr versiert sind, rümpfen über diese Methode die Nase, da sie sich zutrauen, auch bei schwierigen anatomischen Verhältnissen den Eingriff allein von der Scheide aus durchführen zu können. Dennoch ist der Einsatz der LAVH im Einzelfall durchaus sinnvoll. Bei ausgedehnten Fällen von Endometriose etwa lassen sich nicht nur Verwachsungen lösen, die eine vaginale Hysterektomie erschweren, sondern der Operateur gewinnt auch einen Überblick über den gesamten Bauchraum und kann eventuelle weitere Endometrioseherde lokalisieren und beseitigen, was bei einem rein vaginalen Vorgehen nicht möglich wäre.

Die Mitentfernung der Eierstöcke

Bei jeder Gebärmutterentfernung, gleich auf welche Weise sie vorgenommen wird, stellt sich immer die Frage, was mit den verbleibenden Eierstöcken geschehen soll. Bei jungen Frauen vor der Menopause bleiben die Ovarien selbstverständlich erhalten, wenn kein Anhaltspunkt für eine krankhafte Veränderung besteht.

Bei Frauen über fünfzig wird dagegen zumeist routinemäßig eine Mitentfernung der Eierstöcke empfohlen. Chirurgisch gesehen ist dies nur eine unbedeutende Erweiterung des Eingriffes, und nach gängiger Lehrmeinung sind die Eierstöcke jenseits des fünfzigsten Lebensjahres sowieso nur noch ein »nutzloses Anhängsel« der Gebärmutter, da sie ihre Hormonproduktion zu diesem Zeitpunkt bereits eingestellt haben. Jüngste Forschungsergebnisse lassen auch diese Auffassung in einem anderen Licht erscheinen. Der Abschnitt »Welche Auswirkungen hat die Gebärmutterentfernung auf den Hormonhaushalt?« ab Seite 145 geht ausführlich auf diese Problematik ein.

Die subtotale Entfernung der Gebärmutter

Gut drei Jahrzehnte lang galt die »Totaloperation«, die vollständige Entfernung von Gebärmutterhals und Gebärmutterkörper, als das einzig statthafte Hysterektomieverfahren überhaupt. Sie löste eine Phase ab, in der es vielfach noch üblich war, bei Myomen und Blutungsstörungen lediglich den Gebärmutterkörper zu entfernen und den Gebärmutterhals stehenzulassen. Diesen Eingriff bezeichnet man als subtotale Hysterektomie. Medizinisch machte die subtotale Hysterektomie durchaus Sinn. Gegenüber der Totaloperation war der Eingriff kleiner, komplikationsärmer und zur Behandlung der zugrundeliegenden Störung, die sich ja ausschließlich am Gebärmutterkörper abspielte, völlig ausreichend.

Der Grund, warum die subtotale Hysterektomie in Verruf geriet, war das Risiko, daß sich in dem verbliebenen Gebärmutterhals zu einem späterem Zeitpunkt eventuell ein Karzinom entwickelt. Warum – so lautete die damalige Argumentation – sollte man ein nutzloses Teilorgan zurücklassen, wenn mit der vollständigen Entfernung der Gebärmutter einem potentiellen Krebs wirkungsvoll vorgebeugt werden konnte?

So kam man Anfang der sechziger Jahre überein, die Totaloperation zur Standardmethode zu erklären. Die Gebärmutterentfernung mit Belassung der Zervix wurde allenfalls dann akzepiert, wenn die Totaloperation sich aus technischen Gründen schwierig gestaltete. Meistens galt ein solches Vorgehen jedoch als Beleg für die mangelnde chirurgische Erfahrung des Operateurs.

In den letzten Jahren ist die Diskussion über die Frage der totalen oder subtotalen Gebärmutterentfernung neu entbrannt. Eine Reihe von Argumenten wird für den Erhalt des Gebärmutterhalses vorgebracht:

- Das Risiko eines sogenannten Zervixstumpfkarzinoms, also eines Krebses des verbliebenen Gebärmutterhalses, ist offensichtlich stark überschätzt worden. Obwohl die Häufigkeit früher mit bis zu 1 % angegeben wurde, dürfte der wahre Wert wohl unter 0,3 % liegen. Darüber hinaus steht mit dem Krebsabstrich nach Papanicolaou ein wirkungsvolles Instrument der Früherkennung zur Verfügung, durch dessen konsequenten Einsatz sich das Risiko fast auf null senken läßt (siehe S. 33).

- Eine Reihe von Untersuchungen deutet darauf hin, daß die Belassung der Zervix sowie der sie versorgenden Gefäße und Nerven positive Auswirkungen sowohl für die Stabilität des Beckenbodens als auch für das psychosexuelle Erleben hat.
- Die Entwickung minimalinvasiver Operationstechniken erlaubt es, die subtotale Gebärmutterentfernung als einen rein endoskopischen Eingriff durchzuführen, bei dem die Scheide nicht eröffnet wird. Gegenüber der vollständigen laparoskopischen Hysterektomie ist das Verfahren wesentlich schneller, einfacher und komplikationsärmer.

Zwei der gängigen subtotalen Hysterektomieverfahren, die sich beide auf dem schonenden Wege der Bauchspiegelung durchführen lassen, werden im folgenden vorgestellt.

CISH (Cassical Intrafascial SEMM's Hysterectomy)

Dieses Operationsverfahren wurde von dem bekannten Kieler Gynäkologen Professor Kurt Semm entwickelt. Semm – inzwischen im Ruhestand – gilt als Vater der minimalinvasiven Chirurgie, für deren Entwicklung er über Jahrzehnte hinweg Pionierarbeit geleistet hat (siehe auch Exkurs: »Schlüssellochchirurgie – eine Operationsmethode revolutioniert die Medizin« auf Seite 128). In Kollegenkreisen durchaus nicht unumstritten, hat Semm mit seinen teilweisen, provokant vorgetragenen Thesen immer wieder fruchtbare Diskussionen in seinem Fachbereich ausgelöst.

Er gehörte auch zu den ersten, der die hohe Rate an Hysterektomien in der Bundesrepublik kritisierte und die derzeit noch immer vorherrschende Totaloperation als Übertherapie brandmarkte. Für ihn stellt die Mitentfernung des Gebärmutterhalses im Rahmen der Hysterektomie nicht nur einen überflüssigen, sondern auch einen für die Patientin schädlichen Eingriff dar, da hierdurch wichtige Strukturen des Beckenbodens zerstört werden.

Die von Semm vorgeschlagene Lösung ist eine laparoskopische Operation, bei der lediglich der Gebärmutterkörper entfernt wird. Um das Risiko eines Zervixstumpfkarzinoms auszuschalten, wird zusätzlich von der Scheide aus mit einem speziellen Stanzinstrument der Gebärmutterhals ausgehöhlt. Der innere, drüsenreiche Anteil, in dem sich ein potentieller

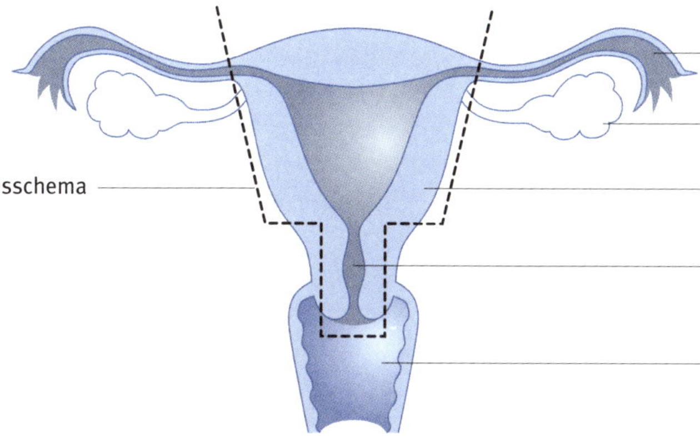

Abb. 25: CISH: Entfernung des Gebärmutterkörpers mit Aushülsen des Gebärmutterhalses.

Krebs entwickeln könnte, wird entfernt und nur die äußere Muskelhülle einschließlich der sie versorgenden Gefäße und Nerven belassen. So kann im Rahmen der »Classical Intrafascial SEMM's Hysterectomy« der Gebärmutterhals weitgehend erhalten und dennoch ein Krebsrisiko ausgeschlossen werden. Als »Classical« wird die Operation von Semm bezeichnet, weil sie auch auf laparoskopischem Weg nur mit den mechanischen Instrumenten der klassischen Chirurgie (Nadel, Faden, Schere) arbeitet und keine Hitzekoagulation oder Lasertechnik benötigt. »Intrafascial« deutet an, daß die Strukturen des Beckenbodens unverletzt bleiben.

Das großgeschriebene »SEMM« in dem Operationskürzel CISH hat natürlich nichts mit dem Erfinder der Operation selbst zu tun. Solcherlei Eitelkeiten wären einem deutschen Hochschulprofessor völlig wesensfremd. Es bezieht sich lediglich auf ein bestimmtes, für die Operation entscheidendes Instrument. Wird der Gebärmutterkörper im Rahmen einer Bauchspiegelung entfernt, so muß er auch im Bauchraum zerkleinert werden, damit man ihn anschließend durch die nur millimeterdicken Operationshülsen entfernen kann. Semm hat hierfür eine spezielle Wellenschliffstanze erfunden, die das Zerlegen des Gebärmutterkörpers bzw. großer Myome im Bauchraum möglich macht. In der inzwischen unausweichlichen englischen Fachsprache heißt dieses Instrument »Serrated Edged Macro Morcellator«. Daß die Anfangsbuchstaben dieses Wortungetüms zusammengesetzt den Namen des Operationserfinders ergeben, ist natürlich reiner Zufall.

Obwohl von Semm und seiner Kieler Schule massiv propagiert, hat sich die CISH-Operation bislang nicht auf breiter Ebene durchsetzen können. Dies mag zum einem daran liegen, daß die zur Erhaltung des Gebärmutterhalses vorgebrachten Argumente die Mehrzahl der Gynäkologen bisher noch nicht völlig überzeugt haben. Es ist wohl nicht zuletzt aber auch dadurch bedingt, daß sich das CISH-Verfahren in der Praxis doch nicht als die einfache, komplikationslose und blutungsarme Methode erwiesen hat, als die sie von ihrem Erfinder immer wieder dargestellt wird.

Problematisch bei der Operation ist insbesondere die zurückgebliebene Zervixhülle. Die durch die Stanze verursachte große Wundfläche neigt zu Nachblutungen und Infektionen, wodurch der Heilungsverlauf häufig verkompliziert wird. Eine mögliche Lösung des Problems besteht darin, den Eingriff noch kleiner zu machen. Dies ist im nächsten Abschnitt beschrieben.

LASH (Laparoscopic Supracervical Hysterectomy)

Professor Semm war bei seiner Konzeption einer subtotalen Hysterektomie noch davon ausgegangen, daß durch die Operation das Risiko eines Zervixstumpfkarzinoms völlig ausgeschlossen werden müsse. Daher ist die problematische Zervixstanze erforderlich, die eine Kombination aus Bauchspiegelung (Laparoskopie) und vaginalem Eingriff erforderlich macht und häufig zu Wundheilungsstörungen führt.

Bei der Laparoskopisch Suprazervikalen Hysterektomie (LASH) wird lediglich auf dem Wege der Bauchspiegelung der Gebärmutterkörper entfernt und der Gebärmutterhals unangetastet stehengelassen.

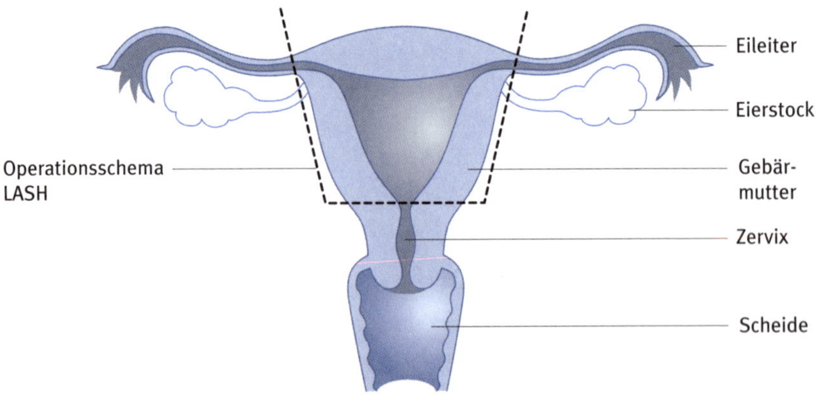

Abb. 26: LASH: Entfernung des Gebärmutterkörpers mit vollständiger Belassung des Gebärmutterhalses.

Über das minimale Risiko einer möglichen Karzinomentstehung im Bereich des Zervixstumpfes wird die Patientin vor der Operation aufgeklärt. Nimmt sie im Anschluß die regelmäßigen Vorsorgeuntersuchungen in Anspruch, so besteht keinerlei Gefahr, daß sich ein solches Karzinom unentdeckt entwickelt.

Die LASH-Methode hat den Vorteil, daß es sich bei ihr wirklich um einen minimaleninvasiven Eingriff handelt, der rein auf dem Wege der Bauchspiegelung durchgeführt werden kann und dabei die Scheide, den Gebärmutterhals und den Beckenboden völlig intakt läßt. Da die Operation technisch relativ einfach durchzuführen ist, besteht eine reelle Chance, sie auch auf breiter Basis zu etablieren.

Subtotale Hysterektomieverfahren mit Hilfe der Bauchspiegelung bieten offensichtlich eine Reihe von Vorteilen für die Patientin. Der Eingriff wird kleiner gehalten, die Schmerzen vermindert und der Krankenhausaufenthalt verkürzt. Langfristig durchsetzen werden sich diese Operationstechniken jedoch erst, wenn es sich dabei nicht länger um die Virtuosenstücke einiger laparoskopisch spezialisierter Chirurgen handelt, sondern der Eingriff auch für den normalen, operativ tätigen Gynäkologen schnell, sicher, komplikationsarm und kostengünstig durchführbar ist. Die LASH-Methode bietet hierfür gute Voraussetzungen.

Schlüssellochchirurgie – eine Operationsmethode revolutioniert die Medizin

Im Jahr 1980 fand in Hamburg die 43. Versammlung der Deutschen Gesellschaft für Gynäkologie und Geburtshilfe statt. Das Traditionstreffen nutzte eine kleine Gruppe operativ tätiger Gynäkologen, um eine »Arbeitsgemeinschaft für Gynäkologische und Geburtshilfliche Endoskopie« zu gründen – ein Schritt, der von den übrigen Frauenärzten allenfalls mit mäßigem Interesse registriert wurde.
Die Endoskopie galt damals hauptsächlich als eine Methode der Internisten, bei der mit Hilfe winziger Optiken versucht wurde, in Körperhöhlen Einblick zu gewinnen und somit die Diagnostik zu verbessern. Für die Endoskopie des Bauchraumes hat sich der Begriff »Laparoskopie« eingebürgert (siehe S. 50).
Seit geraumer Zeit schon versuchten einige Gynäkologen, die Methode auch operativ zu nutzen. In Frankreich hatte auf dem Gebiet ein gewisser Raoul Palmer bereits in den 50er Jahren entsprechende Versuche unternommen. In Deutschland zog H. Frangenheim nach, damals Chefarzt für Gynäkologie in Konstanz, auf der gynäkologischen Landkarte eher ein Provinzkrankenhaus. Sehr überzeugend fielen Frangenheims erste Versuche mit der »Schlüssellochchirurgie«, wie die operative Endoskopie scherzhaft genannt wurde, nicht aus. Bei seinen Bemühungen, mit Hilfe von elektrischem Strom eine Tubensterilisation zu erzielen, hatte er einer beträchtlichen Anzahl von Patientinnen nicht nur die Eileiter koaguliert, sondern gleichzeitig auch ein Loch in den Darm gebrannt. Von daher waren Frangenheims 1980 vorgetragene Bedenken durchaus berechtigt, die operativen Eingriffe innerhalb der Laparoskopie nicht zu übertreiben, da diese ein »artistisches Können« voraussetzten und mit einer Vielzahl von Komplikationen verbunden seien.
Um so aufsehenerregender waren die Aussagen von Prof. Kurt Semm, dem Ordinarius für Gynäkologie an der Universitätsfrauenklinik in Kiel. Semm war der erste deutsche Hochschulprofessor, der sich intensiv mit der Methode auseinandergesetzt hatte. Seit den 60er Jahren praktizierte und propagierte er die Laparoskopie an seiner Klinik – völlig isoliert von allen übrigen Hochschulkollegen, aber mit dem ihm eigenen ausgeprägten Sendungsbewußtsein. In jahrelanger Tüftelarbeit hat er darüber hinaus die technischen Grundlagen der Laparoskopie immer weiter verbessert und viele der für diese Methode erforderlichen Instrumente selbst entwickelt.
Anläßlich der Gründung der endoskopischen Arbeitsgemeinschaft berichtete Semm nun dem erstaunten Auditorium, daß in Kiel inzwischen 30 bis 40 % aller gynäkologischen Operationen laparoskopisch durchgeführt würden. Das war zu einer Zeit, in der man Frauen wegen jeder Lappalie im kleinen Becken einen Bauchschnitt verpaßte, eine Ungeheuerlichkeit. Die überwiegende Reaktion auf Semms Bericht war denn auch keineswegs Freude darüber, daß hier offensichtlich eine patientenschonende Operationsmethode etabliert wurde.

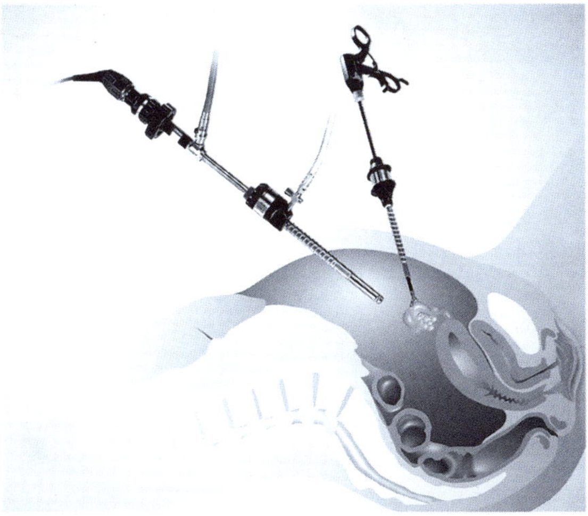

Laparoskopie (Fa. Richard Wolf GmbH, Knittlingen).

Semms Vorstoß löste im Gegenteil eine beispiellose Diffamierungskampagne gegen den Kieler Pionier aus, die ihren Höhepunkt 2 Jahre später erreichte, als Semm sich auch noch auf chirurgisches Gebiet vorwagte und laparoskopisch einen Blinddarm entfernte. Die Empörung in der Chirurgenschaft war nahezu einhellig und reichte von Anträgen, Semm die Approbation zu entziehen bis zu der Aufforderung, seinen geistigen Gesundheitszustand untersuchen zu lassen.
Die betroffenen Patienten selbst sahen das allerdings ganz anders. Sie waren von den Vorteilen der Schlüssellochchirurgie – kleinerer Eingriff, weniger Schmerzen, kürzere Liegezeiten, winzige Narben – schnell überzeugt und suchten gezielt Kliniken auf, die nach der neuen Methode operierten. Krankenhäuser, die laparoskopische Operationsverfahren nicht anboten, sahen sich zunehmend mit schwindenden Patientenzahlen konfrontiert.
Das wirkte. Innerhalb kürzester Zeit trat auf breiter Front ein Umdenken ein. Abteilungsleiter, die der Laparoskopie völlig ablehnend gegenüber gestanden waren, beeilten sich, ihre Oberärzte auf entsprechende Operationskurse zu schicken, um den Anschluß nicht völlig zu verlieren. Die Chirurgen – zuvor noch erbitterte Gegner der Laparoskopie – wurden nun zum Motor ihrer Weiterentwicklung. Blinddarm, Galle, Leistenhernie, selbst große Karzinomoperationen wurden endoskopisch angegangen.
Wer es jedoch in der neuen Methode zu echter Könnerschaft bringen wollte, der mußte noch einmal »ganz von vorne« anfangen, auch wenn er bereits ein versierter Operateur war. Denn weniges, was in der offenen Bauchchirurgie zum Standard gehörte, konnte auf die Laparoskopie übertragen werden.
So wird bei laparoskopischen Eingriffen z.B. eine sogenannte Videokette eingesetzt, die das Bild aus dem Bauchraum auf einen Monitor überträgt. Der Opera-

teur schaut also nicht mehr auf das unter ihm liegende Operationsfeld, sondern auf den vor ihm stehenden Fernsehschirm. Dies erfordert ein hohes Koordinationsvermögen und eine gute räumliche Orientierung, zumal die Abbildung auf dem Monitor die dreidimensionalen Verhältnisse im Bauchraum nur zweidimensional wiedergibt.
So kam denn bei den laparoskopischen Operationskursen manch gestandener Chirurg ins Schwitzen, als es in den ersten Lektionen darum ging, videoüberwacht ein Gummibärchen in seine Bestandteile zu zerlegen.
Nach einer gewissen Übungszeit stellten die Gummibärchen zumeist kein Problem mehr dar, und mit der Dynamik, die die Entwicklung der Laparoskopie Mitte der 80er Jahre annahm, wurden auch für diffizilere technische Probleme immer ausgefeiltere Lösungen gefunden.
Die Optiken, die anfangs nur vage Eindrücke aus dem Bauchraum übermittelt hatten, wurden so verfeinert, daß sie nun gestochen scharfe Bilder lieferten. Elektrochirurgische Geräte und Operationslaser wurden für den laparoskopischen Gebrauch angepaßt. Zur Zerkleinerung großer Geschwülste wurden sogenannte Morcellatoren entwickelt, die die Tumoren im Bauchraum in fingerdicke Streifen zerlegten, welche dann durch die dünnen Operationshülsen gezogen werden können.
Daß es bei all diesen stürmischen Neuentwicklungen nicht ganz ohne Komplikationen abging, versteht sich von selbst. Jede Operationsmethode ist nur so sicher wie der Operateur, der sie anwendet, und mancher Chirurg hat in der Anfangsphase seine laparoskopischen Fähigkeiten vielleicht ein wenig überschätzt.
Inzwischen jedoch hat sich die Laparoskopie in der operativen Therapie fest etabliert. Von der Außenseitermethode eines Kieler Professors hat sie sich zu einem Standardverfahren entwickelt. Allein in der Gynäkologie lassen sich inzwischen rund 80 % aller Eingriffe, die zuvor einen Bauchschnitt erforderten, auf laparoskopische Weise durchführen. Die seit einigen Jahren zu verzeichnende Weiterentwicklung der Gebärmutterspiegelung (Hysteroskopie) zu einem operativen Verfahren wird zusätzlich dazu beitragen, große und unnötige Operationen in der Gynäkologie zu vermeiden.
Diese Entwicklung hat durchaus auch gesundheitspolitische Auswirkungen. Wo früher Patientinnen 8–10 Tage im Krankenhaus liegen mußten, bis ein Bauchschnitt verheilt war, erfordert der gleiche Eingriff nun nur noch 2–3 Tage Liegezeit oder kann sogar ganz ambulant vorgenommen werden. Als Folge davon stehen zunehmend gynäkologische Krankenhausbetten leer – häufig sehr zum Ärger der entsprechenden Abteilungsleiter.
Rechnet man einmal zusammen, was ein Liegetag im Krankenhaus heute kostet, so wird deutlich, daß die »Schlüssellochchirurgie« auch hier eine revolutionäre Veränderung bewirkt hat. Sie ist eine der wenigen großen Fortschritte in der Medizin, die nicht zu einem weiteren Kostenschub, sondern im Gegenteil zu einer Kostenentlastung unseres strapazierten Gesundheitssystems geführt hat.

Myome: So wird organerhaltend operiert

Auf der Liste der Indikationen, die für eine Gebärmutterentfernung verantwortlich sind, stehen Myome an erster Stelle. Etwa 40 % aller in Deutschland durchgeführten Hysterektomien werden mit der Diagnose »Uterus myomatosus« begründet. Bei strenger Indikationsstellung ließe sich manche dieser Operationen sicherlich ganz vermeiden. Aber auch dort, wo ein Eingriff tatsächlich erforderlich ist, weil das Myom Beschwerden macht, muß die Lösung des Problems nicht unbedingt in der Entfernung der gesamten Gebärmutter bestehen. Ob die Möglichkeit einer Organerhaltung mit der betroffenen Patientin zumindest diskutiert wird, hängt nicht so sehr vom medizinischen Sachverhalt, sondern eher von der Grundeinstellung des Gynäkologen ab. Scheuen Sie sich im Zweifelsfalle nicht, das Thema auch von sich aus anzusprechen.

Myomenukleation

Als Myomenukleation (lateinisch enukleation = Entkernen; hier: Ausschälen) bezeichnet man eine Operation, bei der mittels eines Bauchschnittes unter Erhalt der Gebärmutter die Muskelgeschwülste ausgeschält werden. Subseröse oder auch intramurale Myome (siehe S. 100) lassen sich auf diese Weise entfernen, insbesondere wenn sie einzeln vorkommen. Technisch ist dies zumeist keine große Schwierigkeit, da Myome abgekapselt gegen das gesunde Gewebe vorliegen und daher leicht abzutrennen sind.

In vielen Fällen ist der Eingriff auch – abhängig vom Sitz des Myomes und der Erfahrung des Operateurs – per Bauchspiegelung möglich, so daß hierfür nur ein Krankenhausaufenthalt von wenigen Tagen erforderlich ist.

Besteht nach der Myomenukleation allerdings noch Kinderwunsch, so ist bei großen, in der Gebärmutterwand sitzenden Myomen gegebenenfalls der Bauchschnitt einer laparoskopischen Operation vorzuziehen. Am offenen Bauch ist es nämlich möglich, die Gebärmutterwand in mehreren Schichten zu vernähen, was bei einer Bauchspiegelung nur äußerst schwierig zu bewerkstelligen ist. Für das Wachstum der Gebärmutter während der Schwangerschaft und für die Belastung, die diese unter der Geburt aushalten muß, ist es jedoch vorteilhaft, wenn die Myomwunde sehr sorgfältig vernäht wurde. Andernfalls droht ein Zerreißen der Narbe.

Myomenukleationen kommen immer dann in Betracht, wenn Myome einzeln oder zumindest nicht sehr zahlreich vorliegen. Ist die Gebärmutter mit einer Vielzahl von Myomen durchsetzt, so sind Enukleationen meist wenig sinnvoll. Nach einer entsprechenden Operation bleibt dann zumeist nicht viel mehr übrig als ein vernarbtes Bündel von Gebärmuttermuskulatur, das darüber hinaus zur Bildung neuer Myome neigt.

Die Gefahr, daß es an der verbleibenden Gebärmutter zu einem erneuten Myomwachstum kommt, besteht natürlich bei jedem organerhaltenden Vorgehen und muß in dem Aufklärungsgespräch vor der Operation ausführlich erörtert werden. Manchmal findet sich auch erst während des Eingriffes selber eine Fülle sogenannte Myomkeime an der Gebärmutter, die im Rahmen der vorausgegangenen Ultraschalluntersuchungen nicht sichtbar waren. Bei abgeschlossener Familienplanung ist dann zumeist die subtotale Hysterektomie, also die Belassung des Gebärmutterhalses, die bessere Lösung, da ein weiteres Wachstum dieser Keime nach der Operation sehr wahrscheinlich ist. Selbstverständlich muß ein solches Vorgehen ebenfalls vor der Operation abgesprochen sein.

Hysteroskopische Myomabtragung

Submuköse, in die Gebärmutterhöhle hineinreichende Myome stellten lange Zeit ein therapeutisches Problem dar, da sie sich aufgrund ihres ungünstigen Sitzes im Rahmen einer Bauchoperation kaum entfernen ließen. Auf der anderen Seite führt aber vor allem diese Art von Myomen besonders häufig zu klinischen Beschwerden.

Die Entwicklung der Gebärmutterspiegelung (Hysteroskopie) von einer diagnostischen zu einer therapeutischen Methode macht es inzwischen möglich, auch submuköse Myome zu beseitigen. Dies geschieht mittels eines sogenannten Resektoskopes, das wie ein Hysteroskop aufgebaut ist, jedoch einen zusätzlichen Arbeitskanal aufweist, über den feine, elektrochirurgische Instrumente eingebracht werden können. Durch eine elektrische Schlinge, die mit hochfrequentem Strom arbeitet, wird das Myom in Streifen bis auf seine Basis abgetragen.

Nicht immer ist es möglich, auf diese Weise das gesamte Myom zu entfernen, vor allem dann, wenn Teile der Geschwulst nicht nur in der

Schleimhaut sitzen, sondern in die Gebärmuttermuskulatur hineinragen. Eventuell wird dann nach einigen Monaten ein weiterer Eingriff erforderlich. Häufig bessern sich die Beschwerden aber auch dann, wenn Teile des Myoms in der Gebärmutterwand zurückgelassen werden müssen.

Hysteroskopische Myomenoperationen sind sinnvoll zur Beseitigung von Blutungsstörungen, die durch submuköse Myome hervorgerufen werden. Sie sind vor allem aber auch dann angezeigt, wenn diese Myome die Ursache für wiederholte Fehlgeburten darstellen. Polypen der Gebärmutter, die zu ganz ähnlichen Beschwerden führen können, lassen sich ebenfalls auf diesem Wege beseitigen.

Medikamentöse Behandlung

In dem Kapitel über Myome haben wir gesehen, daß das Wachstum dieser Geschwülste hormonabhängig ist. Durch einige neu entwickelte Präparate ist es inzwischen erstmals möglich, das Myomwachstum auch medikamentös zu beeinflussen. Es handelt sich dabei um die sogenannten GnRH-Analoga, Gegenspieler der von der Hirnanhangsdrüse ausgeschütteten Botenstoffe, durch die eine zeitweise pharmakologische Ausschaltung der Eierstöcke erreicht wird. Wir haben diese Medikamente in Zusammenhang mit der Endometriose bereits kurz erwähnt (siehe S. 75). Die Patientin wird durch die Präparate in einen Zustand wie nach den Wechseljahren gebracht. Die Ausschaltung des Östrogeneinflusses auf die Myome läßt diese in vielen Fällen schrumpfen.

Der Effekt hält jedoch nur so lange an, wie das Präparat auch gegeben wird. Wird es abgesetzt, beginnen die Eierstöcke erneut mit der Hormonproduktion, und die Myome wachsen wieder. Wegen der ausgeprägten Nebenwirkungen der GnRH-Analoga, die zu typischen Wechseljahresbeschwerden führen, ist eine Dauertherapie nicht möglich. Der Einsatz der Präparate ist allenfalls über wenige Monate gerechtfertigt, um z.B. sehr große Myome so zu verkleinern, daß sie anschließend per Bauchspiegelung (Laparoskopie) oder Gebärmutterspiegelung (Hysteroskopie) operiert werden können. Hier muß aber sicherlich im individuellen Fall der Nutzen dieser Medikation für die Operation gegen die doch recht gravierenden Nebenwirkungen während der Einnahme der Präparate abgewogen werden.

Regelschmerzen: So wird organerhaltend behandelt

LUNA (Laparoscopic Uterine Nerve Ablatio)

Bei der Behandlung schmerzhafter Regelblutungen sind chirurgische Eingriffe sicherlich nicht die Methode der ersten Wahl. Sowohl zur Therapie der primären wie auch der sekundären Dysmenorrhoe gibt es eine Vielzahl von medikamentösen und nichtmedikamentösen Behandlungsmaßnahmen, die zumeist gut wirksam sind (siehe Seite 63).

Es bleibt aber eine kleine Gruppe betroffener Frauen, die auf diese Therapien nicht ansprechen oder aber Monat für Monat extrem hohe Dosen von Schmerzmitteln konsumieren müssen, um ihre Periode ertragen zu können. Für diese Patientinnen besteht die Möglichkeit einer gezielten Schmerzausschaltung durch eine kleine laparoskopische Operation.

Wie jedes Organ, so wird auch die Gebärmutter von speziellen Nerven versorgt, in denen die Schmerzleitung stattfindet. Anatomische Forschungen haben ergeben, daß diese Nerven hauptsächlich in den sogenannten Sakrouterinligamenten verlaufen, also jenen Mutterbändern, mit denen die Gebärmutter in der Kreuzbeinhöhle aufgehängt ist (siehe Seite 20).

Bei der Laparoscopic Uterine Nerve Ablatio (LUNA) werden diese Mutterbänder im Rahmen einer Bauchspiegelung nahe ihrer Ansatzstelle an der Gebärmutterwand durchtrennt und so die Nervenleitung unterbrochen. Der Eingriff selbst dauert nur wenige Minuten, sollte aber durch einen in dieser Methode erfahrenen Operateur vorgenommen werden, da es sonst leicht zu Verletzungen benachbarter Strukturen, etwa des Harnleiters, kommen kann.

Das laparoskopische Vorgehen hat darüber hinaus den Vorteil, daß der gesamte Bauchraum gezielt auf eventuelle Endometrioseherde inspiziert werden kann, welche vor allem bei der sekundären Dysmenorrhoe häufig gefunden werden. Sollten sich die Endometrioseherde bestätigen, so werden sie natürlich in der gleichen Operation beseitigt.

Erste Studien über dieses relativ neue Operationsverfahren zeigen eine Befundbesserung bei 70–80 % aller behandelten Frauen. Das ist eine erstaunlich hohe Zahl, wenn man bedenkt, daß die meisten von ihnen einen jahrelangen Leidensweg und eine Vielzahl fehlgeschlagener Therapien hinter sich haben.

LUNA läßt sich in Vollnarkose im Rahmen eines ambulanten oder kurzstationären Aufenthaltes durchführen. Um Verletzungen von Nachbarstrukturen zu vermeiden, empfiehlt es sich, die Durchtrennung der Mutterbänder mit einem Laser vorzunehmen.

Inwieweit durch den Eingriff eine spätere Senkung der Gebärmutter begünstigt wird, läßt sich zum gegenwärtigen Zeitpunkt noch nicht sicher sagen, da hierzu Beobachtungszeiträume von 15 Jahren und mehr erforderlich sind. Die Auswirkungen auf eine mögliche Senkung dürften allerdings nicht sehr dramatisch sein, da für die Stabilität der Gebärmutter die Festigkeit des Beckenbodens wesentlich wichtiger ist als die Intaktheit einzelner Mutterbänder.

Blutungsstörungen: So wird organerhaltend operiert

Blutungsstörungen der Gebärmutter sind ein weitverbreitetes Problem, auf das wir schon ab Seite 53 aufführlich eingegangen sind. Nach Statistiken der Weltgesundheitsorganisation leidet jede 5. Frau unter verstärkten und/oder verlängerten Periodenblutungen. Nicht immer bringt eine medikamentöse Therapie den gewünschten Erfolg. Oft steht am Ende eines langen Leidensweges der Entschluß zur Gebärmutterentfernung. In Deutschland wird rund ein Viertel aller Hysterektomien aufgrund von Blutungsstörungen vorgenommen. Das sind etwa 40 000 pro Jahr.

Dabei gibt es gerade für dieses Krankheitsbild wirkungsvolle, organerhaltende Behandlungsmöglicheiten, die dem Anspruch einer minimal-invasiven Therapie gerecht werden. Blutungsstörungen spielen sich am Endometrium ab, also an der Schleimhautschicht, die die Gebärmutterhöhle auskleidet. Die hier besprochenen Verfahren zielen darauf ab, die Blutungsstörungen dadurch zu beheben, daß lediglich das Endometrium als Blutungsquelle abgetragen wird. Zwei unterschiedliche Methoden stehen zur Verfügung.

Die hysteroskopische Endometriumablation

Die operative Hysteroskopie wurde bereits im Zusammenhang mit der Therapie submuköser Myome besprochen. Ähnlich wie sich diese mit einer elektrischen Schlinge abtragen lassen, so ist es auch möglich, systematisch die gesamte Schleimhautschicht der Gebärmutterhöhle zu entfernen. Der Fachbegriff für diesen Eingriff lautet hysteroskopische Endometriumablation (lateinisch ablatio = operative Abtragung).

Anfangs hatte man hierzu noch einen Laser verwendet. Im Laufe der Zeit erkannte man dann, daß elektrochirurgische Geräte für die Operation besser geeignet sind. Statt mit der elektrischen Schlinge, kann die Gebärmutterschleimhaut auch mit einem sogenannten Rollerball abgetragen werden, der wie eine kleine Planierraupe systematisch über das Endometrium geführt wird.

Der Eingriff ist für die Patientin wenig belastend, muß allerdings in Vollnarkose durchgeführt werden. Vom Operateur verlangt die hysteroskopische Endometriumablation dagegen große Erfahrung, da sie technisch sehr anspruchsvoll ist.

Dies mag auch der Grund dafür sein, daß der Eingriff in Deutschland bisher weniger verbreitet ist als in vielen anderen europäischen Ländern, in denen die Gebärmutterspiegelung längst eine Routinemethode ist und die Operateure entsprechend mehr Erfahrung aufweisen.

Mögliche Komplikationen

Komplikationen im Rahmen der hysteroskopischen Endometriumablation sind selten, aber dafür um so schwerwiegender, wenn sie einmal auftreten. Insbesondere beim Einsatz der elektrischen Schlinge kann die Gebärmutterwand durchstoßen werden (Perforation). Verletzungen der Nachbarorgane wie Blase oder Darm sind dann zumeist die Regel und erfordern einen sofortigen Bauchschnitt, um die Stellen sachgerecht zu behandeln.

Die Spülflüssigkeit, die während des Eingriffes die Gebärmutterhöhle aufdehnt, kann in die operativ eröffneten Blutgefäße eindringen und zu einer Flüssigkeitsüberladung des Gesamtorganismus führen. Dies kann gravierende Kreislaufprobleme oder auch ein Lungenödem zur Folge haben. Eine gute Überwachung von seiten des Narkosearztes und eine exakte Beachtung der verbrauchten Flüssigkeit von seiten des Operateurs sind daher zwingend erforderlich.

Wie sind die Erfolge?

Die Erfolgsrate der hysteroskopischen Endometriumablation liegt bei etwa 90 %, wenn als eine deutliche Verminderung der Blutungsintensität als Erfolg bezeichnet. Völlig blutungsfrei wird lediglich ein Drittel aller Patientinnen. Bei etwa 10 % tritt keine Befundbesserung auf, offensichtlich dadurch bedingt, daß das Endometrium eine hohe Regenerationsfähigkeit aufweist.

Große internationale Studien haben gezeigt, daß der Erfolg der hysteroskopischen Endometriumablation wesentlich davon abhängt, daß die Schleimhaut zuvor über zwei bis drei Zyklen künstlich reduziert wird. Dies läßt sich durch antiöstrogen wirkende Medikamente wie Danazol® und die zuvor beschriebenen GnRH-Analoga erreichen (siehe S. 75). Eine entsprechende Vorbehandlung gilt inzwischen als obligatorisch.

Die Uterus-Ballon-Therapie

Eine Methode, die einen ganz ähnlichen Effekt erzielt wie die hysteroskopische Endometriumablation, dabei aber wesentlich einfacher und sicherer zu handhaben ist, stellt die neuentwickelte Uterus-Ballon-Therapie dar.

Hierbei wird ein aufblasbarer Ballon, der einem Katheter aufgesetzt ist, im ungefüllten Zustand in die Gebärmutterhöhle eingeführt. Auf der Katheterspitze befindet sich ein Heizelement, ein Temperatur- und ein Druckfühler. Sobald er in die Gebärmutter eingebracht ist, wird der Ballon mit Flüssigkeit gefüllt, so daß er sich mit einem vorgewählten Druck der Gebärmutterinnenwand anlegt. Danach wird die Flüssigkeit im Ballon für wenige Minuten auf etwa 80°C erhitzt. Die Hitze überträgt sich auf die Gebärmutterschleimhaut, die hierdurch verödet wird. Während des gesamten Eingriffes überwacht ein elektronisch gesteuertes Kontrollgerät die vorgegebenen Werte für Druck und Temperatur. Nach Abschluß der Behandlung wird die Flüssigkeit aus dem Ballon abgelassen und diese aus der Gebärmutterhöhle entfernt.

Erste Studien mit einem Beobachtungszeitraum über 3 Jahre belegen, daß die mit dieser Methode erzielten Ergebnisse in etwa denen entsprechen, die mit der hysteroskopischen Endometriumablation erreicht werden. Lediglich die Rate an Amenorrhoen (völlige Blutungsfreiheit) ist etwas geringer.

Dafür hat die Uterus-Ballon-Therapie den Vorteil, daß sie ambulant und in örtlicher Betäubung durchführbar ist. Sie ist darüber hinaus für

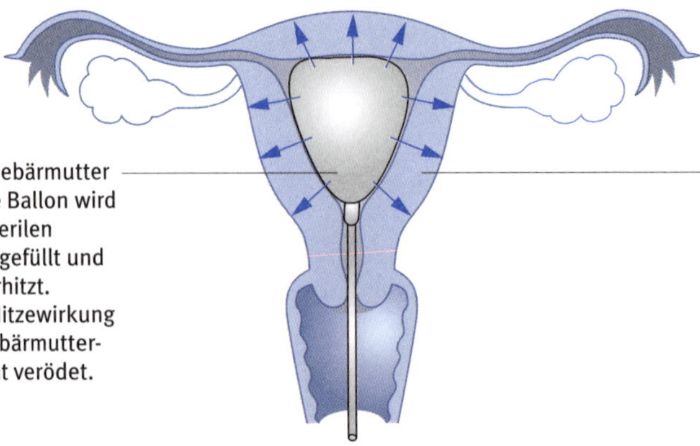

Abb. 27: Uterus-Ballon-Therapie.

den behandelnden Arzt einfach zu handhaben und erfordert keine medikamentöse Vorbehandung der Patientin.

Für die nächsten Jahre sind einige technische Detailveränderungen der Methode zu erwarten, so daß sich die Ergebnisse wohl noch weiter verbessern werden. Doch schon angesichts der derzeit erzielten Resultate läßt sich feststellen, daß es sich bei der Uterus-Ballon-Therapie um ein überzeugendes Konzept zur minimalinvasiven Behandlung übermäßig starker Periodenblutungen handelt. Nicht zuletzt aufgrund ihrer einfachen und sicheren Handhabung wird die Uterus-Ballon-Therapie schon bald zu den Standardmethoden in der Behandlung von Blutungsanomalien gehören und viele der bisher üblichen chirurgischen Eingriffe überflüssig machen.

Das Klimakterium kritisch hinterfragt – die 68er in den Wechseljahren

Die späten 60er Jahre waren die Wechseljahre der bundesrepublikanischen Gesellschaft. Gegen eine Elterngeneration, die es sich im deutschen Wirtschaftswunderland mit bürgerlichen Tugenden gemütlich gemacht hatte, gegen eine Politik, die die Nazivergangenheit Deutschlands verdrängte und dabei gleichzeitig den schmutzigen Krieg des Hauptverbündeten USA in Vietnam unterstützte, gegen eine als unerträglich empfundene gesellschaftliche Verkrustung ging eine zunehmend kritisch gewordene Jugend auf die Barrikaden.
Alles sollte anders werden. Der Mief der Adenauer-Ära wich einem neuen Zeitgeist. Und der blies kräftig von links. Rudi Dutschke wurde zum Führer der studentischen Jugend, die Schriften von Marcuse, Adorno und Horkheimer – obwohl wahrscheinlich von den wenigsten verstanden – waren Pflichtlektüre, Bilder von Ho Tschi Minh und Che Guevara bestimmten das Erscheinungsbild vieler Demonstrationen. Wo Radioprogramme noch kurz zuvor betuliche Schnulzen gespielt hatten, dröhnten jetzt die Songs der Beatles und der Rolling Stones aus den Lautsprechern. Die Haare der Männer wurden länger und die Röcke der Mädchen kürzer. Die »Revolution« war in aller Munde und machte auch vor den Schlafzimmern nicht halt. Neue Formen des Zusammenlebens wurden erprobt. Die Kommune I ließ sich in Berlin nackt fotographieren, die Hippies feierten in Woodstock ihren »Summer of Love« und die gerade auf den Markt gekommene »Pille« bereitete den Boden für ein neues Zeitalter befreiter Sexualität (siehe auch Feature: Die Pille – mehr als ein Verhütungsmittel).
Der gesellschaftliche Aufbruch der späten 60er Jahre – auch das eine Novität – war durchaus eine geschlechterübergreifende Bewegung. Unter den Wortführern der Revolte dominierten zwar noch immer die Männer, viele Frauen aber, die damals begannen, die Universitäten in großer Zahl zu bevölkern, nahmen aktiv an den zahllosen Aktionen teil und versuchten u.a., die allgemeine Aufbruchstimmung für ihre Forderung nach Gleichberechtigung zu nutzen.
Wie die meisten Aktivisten dieser Zeit so hat sich auch die Mehrzahl der beteiligten Frauen inzwischen damit abgefunden, daß viele der damaligen Ideale der Realität nicht standgehalten haben. Viele der ehemaligen 68erinnen haben sich auf einen – zumeist recht gut dotierten – Platz in der weiter existierenden Konsumgesellschaft zurückgezogen oder sind gar eine bürgerliche Zweierbeziehung (Ehe) eingegangen.
Die Probleme sind ja auch inzwischen andere. Wer damals 20 war, ist heute 50. Und wo frau vor 30 Jahren für gesellschaftliche Veränderungen gekämpft hat, kämpft sie heute gegen die eigenen persönlichen und körperlichen Veränderungen an: gegen Hitzewallungen, Scheidentrockenheit und Osteoporose. Die 68er sind in den Wechseljahren.

Ein Mangel an kritischer Intelligenz läßt sich dieser Generation gewiß nicht nachsagen, wohl aber ein gewisse Tendenz, an liebgewordenen Vorurteilen festzuhalten, auch wenn diese mit der Realität nur noch wenig gemein haben. Für die Wechseljahre heißt dies: Die bei weitem wirkungsvollste Therapie von klimakterischen Beschwerden, nämlich die Substitution mit Hormonen, wird von den betroffenen Frauen zumeist abgelehnt. Grund: Östrogene haben ein schlechtes Image, sie sind ideologisch suspekt. Lieber leidet frau unter Dutzenden von täglichen und nächtlichen Schweißausbrüchen, akzeptiert ihre Blasenschwäche und die drohende Osteoporose, als daß sie das täte, was nach nahezu einhelliger Meinung aller Fachleute das vernünftigste wäre: nämlich die fehlenden Hormone einfach zu ersetzen.

Dabei ist es gar nicht so sehr die Angst vor eventuellen gesundheitlichen Nebenwirkungen, die die Hormonsubstitution suspekt macht. Alle größeren Studien belegen, daß die positiven Effekte der Östrogene die minimalen Risiken, die mit der Einnahme verbunden sind, bei weitem überwiegen. Es ist vielmehr ein diffuses Gefühl, daß es sich bei den Wechseljahren um etwas »Natürliches« handelt und dieser natürliche Vorgang nicht durch die Gabe von »Chemie«, sprich Hormonen, gestört werden sollte.

Aber wie »natürlich« sind die Wechseljahre denn tatsächlich? Schauen wir uns einmal in der Natur um, so stellen wir fest, daß es etwas den Wechseljahren Vergleichbares bei anderen Säugetieren, zu denen der Mensch ja biologisch zählt, gar nicht gibt. Diese bleiben nämlich bis ins hohe Alter hinein fruchtbar. Nur beim Menschen ist es anders. Warum?

Die Lösung ist ganz einfach. Der Mensch benötigt eine besonders lange »Aufzuchtszeit« für seine Jungen. Ein Menschenkind braucht gut 15 Jahre oder mehr, bis es sich einigermaßen selbst versorgen kann. Bekäme daher eine ältere Frau ein Kind, so könnte sie nicht unbedingt damit rechnen, dieses Neugeborene bis ins Erwachsenenalter zu begleiten. Damit sinken aber auch die Überlebenschancen ihres Kindes. Folglich ist es im Sinne der Arterhaltung durchaus sinnvoll, die Fruchtbarkeit der weiblichen Spezies Mensch zu begrenzen. Für die einzelne Frau selbst hat dies allenfalls den Vorteil, daß sie sich im Alter nicht mehr den gesundheitlichen Gefahren einer Schwangerschaft und Geburt aussetzen muß. Die Tatsache, daß mit dem Ende der Fruchtbarkeit allerdings auch die Schutzwirkung der Östrogene auf ihren Organismus wegfällt, hat für sie nur Nachteile. Hinzu kommt, daß die Lebenserwartung von Frauen in diesem Jahrhundert enorm angestiegen ist und inzwischen bei 81 Jahren liegt. Bei einem durchschnittlichen Menopausenalter von 51 Jahren bedeutet dies, daß Frauen inzwischen 30 Jahre ihres Lebens in einer Hormonmangelsituation verbringen und deren Folgen (erhöhtes Risiko für Osteoporose, Herzinfarkt, Morbus Alzheimer etc.) schutzlos ausgeliefert sind. Dies ist von der Natur sicherlich nicht so vorgesehen.

Sind diese Zusammenhänge erst einmal durchschaut, so wird auch klar, worin die »natürlichste« Therapie der Wechseljahre und ihrer Folgeerkrankungen besteht: nämlich darin, einfach jene Stoffe zu ersetzen, die der Körper zuvor selbst produziert hat, jetzt aber nicht mehr in ausreichendem Maße herstellen kann: Östrogene und Gestagene.
Diese Therapie ist auch die einzige, die für sich in Anspruch nehmen kann, »ganzheitlich« zu sein. Nur sie beseitigt nämlich nachhaltig sowohl die psychovegetativen Beschwerden wie Hitzewallungen, Schlafstörungen oder depressive Verstimmungen und beugt gleichzeitig den langfristigen Organschäden vor. Die üblichen pflanzlichen und homöopathischen Wechseljahrspräparate wirken allenfalls gegen die psychovegetativen Störungen. Gegen organische Folgeerscheinungen sind sie unwirksam.
Ist das Mißverständnis von der »Natürlichkeit« des Klimakteriums geklärt, bringt die wechseljahrsgeplagte 68erin allerdings ein weiteres Argument vor. Die ideologische Keule wird noch einmal herausgeholt. Hinter den ganzen Wechseljahrspräparaten stünde doch letztlich nur – bei Erwähnung dieses Namens verengen sich die Augen meist zu schmalen Schlitzen – die »Pharmaindustrie«. Bei dieser vielzitierten Branche handelt es sich offensichtlich um eines der letzten noch intakten Feindbilder. Als ob hinter der inzwischen unübersehbaren Fülle alternativer Arzneimittel nicht längst eine ebensolche Industrie stünde. Und ist es tatsächlich vernünftig, auf eine sinnvolle Therapie nur deshalb zu verzichten, damit nicht eine Firma X daran Geld verdient? Nach dieser Logik müßten wir auch morgen aufhören, uns zu waschen, um nicht der Kosmetikindustrie zu weiteren Gewinnen zu verhelfen.
Sich all diesen Diskussionen stellen zu müssen, mag manchem Gynäkologen zu viel sein. Er wird nicht darum herumkommen. Mit den ehemaligen 68erinnen hält nämlich ein neuer Typus von Frauen Einzug in die Menopausensprechstunde. Frauen, die kritisch, selbstbewußt, aktiv und informiert sind. Diese Frauen stellen auch an ihre Gynäkologen andere Ansprüche. Das übliche 3-Minuten-Gespräch mit anschließender Rezeptausstellung wird von ihnen nicht mehr akzeptiert. Sie wollen keine Verordnung, sondern kompetente Beratung. Für den behandelnden Arzt heißt dies, sich auch mit manchen Vorurteilen geduldig auseinanderzusetzen. Die Vorteile einer Hormonsubstitution mögen durch die wissenschaftliche Medizin seit langem erwiesen sein, sie glaubhaft zu vermitteln gehört weiterhin zum Aufgabenfeld des niedergelassenen Gynäkologen. Nicht das Erzielen von »Patienten-Compliance«, der Einnahmegenauigkeit eines Präparates, ist dabei der Sinn der Beratung, sondern das Erreichen eines »informed consent«, der Bejahung einer Therapie durch die Patientin aufgrund informationsgestützter Überzeugung. Hier werden in Zukunft sicherlich viele Ärzte umdenken müssen – aber ein Umdenken herbeizuführen hat die Generation der ehemaligen 68er ja gelernt.

Fragen zur Entfernung der Gebärmutter

Werden Hysterektomien zu häufig durchgeführt?

In der Medizin ist es oftmals schwierig, einen allgemeinen Eindruck – wie z.B. den, daß die Rate an Gebärmutterentfernungen zu hoch ist – so zu belegen, daß der Nachweis wissenschaftlichen Kriterien standhält. Eine der umfangreichsten und am besten konzipierten Untersuchungen zum Thema »Häufigkeit von Gebärmutteroperationen« wurde 1988 in der renommierten Fachzeitschrift »The Lancet« veröffentlicht.

Die sogenannte »Tessiner Studie« war vom Gesundheitsamt des gleichnamigen Schweizer Kantons als eine Umfrage in Auftrag gegeben worden und sollte Aufschluß geben über die Häufigkeit und Notwendigkeit bestimmter Operationen unter besonderer Berücksichtigung der Hysterektomie. Die Ergebnisse erregten in der Fachwelt ein nicht unerhebliches Aufsehen.

Im einzelnen ergab die Studie:

- Im internationalen Vergleich zeigten sich große Unterschiede bezüglich der Rate an Gebärmutterentfernungen. In den deutschsprachigen Ländern wird derzeit etwa jede dritte Frau hysterektomiert, in Teilen der USA sogar jede zweite. In Schweden dagegen muß sich nur jede zehnte Frau einer entsprechenden Operation unterziehen. Es ist kaum anzunehmen, daß Schwedinnen wesentlich weniger Erkrankungen der Gebärmutter entwickeln als Frauen in anderen europäischen Ländern oder in Amerika. Wahrscheinlich ist, daß schwedische Ärzte die Indikation zur Hysterketomie deutlich zurückhaltender stellen als viele ihrer Kollegen.
- In jenen Regionen des Tessins, in denen mehr Gynäkologen niedergelassen waren und mehr chirurgische Betten zur Verfügung standen, stieg auch die Rate an Hysterektomien. Hier bestätigt sich ein Phänomen, das Krankenkassen überall in Europa wohl bekannt ist. Je mehr Fachärzte sich in einem Einzugsgebiet niederlassen, um so mehr fachspezifische Erkrankungen werden auch diagnostiziert und behandelt.
- Gynäkologinnen rieten ihren Patientinnen nur halb so oft zu einer Hysterektomie wir ihre männlichen Kollegen. Sind Frauen also doch

die Vertreter einer schonenderen, »sanfteren« Medizin?. Die Umfrageergebnisse legen diesen Schluß nahe. Eine weitere Erklärung könnte in der Tatsache begründet sein, daß chirurgisch tätige Gynäkologen mit eigenen Belegbetten offensichtlich deutlich »operationsfreudiger« sind als niedergelassene Kollegen, die nicht selbst operieren. In der ersten Gruppe aber stellen die Männer die weitaus überwiegende Mehrheit.

- Schließlich ergab die Studie, daß Ehefrauen von Ärzten eine um rund 50 % niedrigere Rate an Hysterektomien aufwiesen als Frauen, die nicht mit einem Mediziner verheiratet waren. Gehen wir einmal davon aus, daß Arztfrauen – genau wie Schwedinnen – keinen genetisch bedingten Schutz vor Gebärmuttererkrankungen aufweisen, so liegt die Vermutung nahe, daß diese vielleicht einen besseren Zugang zu wichtigen Informationen haben. Durch den medizinisch geschulten Ehemann sowie durch dessen befreundete Kollegen besteht offensichtlich eher die Möglichkeit, eine zweite oder dritte Meinung einzuholen und die Entscheidung zur Gebärmutterentfernung gründlich zu überdenken.

Daß das Maß an Information offensichtlich ein entscheidendes Kriterium bei der Entscheidung für oder gegen eine Hysterektomie darstellt, bewies die Tessiner Studie durch einen eindrucksvollen Großversuch. Nach der ersten Umfrage startete das Tessiner Gesundheitsamt zwei große Medienkampagnen, in denen die Bevölkerung des Kantons detailliert über bestimmte Erkrankungen und vermeidbare Operationen aufgeklärt wurde. Danach wiederholte man die Umfrage. Die Zahl an Hysterektomien war um rund ein Drittel zurückgegangen.

Welche Auswirkungen hat die Hysterektomie auf den Hormonhaushalt?

Wurde bisher im Zusammenhang mit einer Hysterektomie die Frage nach den hormonellen Konsequenzen gestellt, so lautete die standardmäßige Antwort zumeist: Die Entfernung der Gebärmutter hat keinerlei Auswirkungen auf den Hormonhaushalt, solange die Eierstöcke belassen werden, da die Gebärmutter selbst kein hormonaktives Organ ist.

Nach neuesten Erkenntnissen kann diese Aussage so nicht aufrechterhalten werden.

Mehrere Studien haben unabhängig voneinander nachgewiesen, daß bei Frauen nach einer Gebärmutterentfernung die Wechseljahre deutlich, teilweise bis zu vier Jahre, früher eintreten, auch wenn die Eierstöcke belassen werden.

Der Grund hierfür liegt offensichtlich in einer verminderten Durchblutung der Eierstöcke nach dem Eingriff. Schaut man sich die Blutversorgung dieser Organe genauer an, so wird man feststellen, daß sie rund 50% ihrer Blutversorgung aus Arterien beziehen, die an der Außenseite der Gebärmutter hoch zu den Ovarien verlaufen. Diese Blutzufuhr wird durch eine Gebärmutterentfernung unterbunden. Eine verminderte Durchblutung bedeutet aber immer auch eine reduzierte Funktion bzw. ein schnelleres Altern des Organs. Die Wechseljahre und die damit einhergehenden Folgen für den Gesamtorganismus treten früher ein.

Die Hormonersatztherapie

Diese Tatsache läßt sich allerdings dadurch erträglich gestalten, daß bei einem Ausfall der Eierstocksfunktion inzwischen sehr gute Möglichkeiten einer Hormonersatztherapie (Substitution) mit Östrogenen bestehen. Diese ist bei hysterektomierten Patientinnen sogar unkomplizierter durchzuführen als bei Frauen, die ihre Gebärmutter noch besitzen. Bei diesen müssen nämlich noch im Rahmen einer Substitution gleichzeitig Gestagene zugeführt werden, um eine übermäßige Stimulation der Gebärmutterschleimhaut durch die Östrogene zu vermeiden und in periodischen Abständen eine Abbruchblutung auszulösen.

Diese Blutungen werden von vielen Anwenderinnen aber als lästig empfunden und sind ein häufiger Grund für das Absetzen der sinnvollen und wichtigen Hormonersatztherapie. Bei hysterektomierten Patientinnen können die störenden Blutungen nicht mehr auftreten. Die Hormonsubstitution wird daher von diesen Patientinnen häufig besser akzeptiert und länger durchgeführt. Diese Tatsache führt zu der paradoxen Situation, daß sich die Hysterektomie zwar negativ auf den Hormonhaushalt auswirkt, hysterektomierte Patientinnen aber langfristig hormonell häufig besser versorgt sind als nichtoperierte Frauen.

Natürlich wäre es grundfalsch, hieraus die Konsequenz zu ziehen, doch wieder großzügiger zu hysterektomieren. Man muß im Gegenteil jene Frauen besser informieren, die der Hormonersatztherapie bisher noch aus den unterschiedlichsten Gründen ablehnend gegenüberstehen. Die pharmazeutische Industrie bleibt darüber hinaus aufgefordert, die Entwickung einer schonenden Substitution voranzutreiben, bei der unerwünschte Blutungen nicht mehr auftreten. Wahrscheinlich ist mit einer solchen Therapie schon in den nächsten Jahren zu rechnen.

Für hysterektomierte Frauen ist es häufig schwer zu erkennen, wann bei ihnen die Wechseljahre eintreten. Das Unregelmäßigwerden und schließlich völlige Ausbleiben der Blutungen fehlt ihnen als Kriterium. Typische Wechseljahrsbeschwerden wie Hitzewallungen treten nur bei etwa 30 % aller Frauen auf. Um nicht unbemerkt in eine durch keinerlei typische Beschwerden angezeigten Hormonmangelsituation zu geraten, empfiehlt es sich daher, im Rahmen der routinemäßigen gynäkologischen Untersuchungen gelegentlich einen Hormonstatus bestimmen zu lassen, um herauszufinden, ob die Hormonproduktion der Eiertöcke noch ausreichend ist.

Sollen die Eierstöcke mitentfernt werden?

Die Frage, ob im Rahmen einer Hysterektomie die Eierstöcke mitentfernt werden sollen, wurde bisher zumeist vom sogenannten Menopausenstatus abhängig gemacht. Hatte die Patientin keine Blutungen mehr, hatte sie also die Menopause, die letzte Periode, hinter sich, wurde zumeist eine Mitentfernung der Eierstöcke angeraten, da man davon ausging, daß deren Hormonproduktion versiegt sei. Begründet wurde ein solches Vorgehen wiederum mit dem Argument der »Krebsprophylaxe«. Das Risiko, in den verbliebenen Eierstöcken ein Ovarialkarzinom zu entwickeln, liegt jedoch lediglich bei etwa 1 Promille. Es ist also nur 1 von 1000 Frauen betroffen.

Andererseits läßt sich eine hormonelle Restaktivität der Ovarien auch noch mehr als zehn Jahre nach der letzten Periodenblutung nachweisen. Darüber hinaus produzieren die Eierstöcke außer Östrogenen und Gestagenen noch winzige Mengen anderer Hormone, z.B. männliche Geschlechtshormone (Androgene), die auch im weiblichen Organismus durchaus eine wichtige Rolle spielen. Diese und andere Hormone können derzeit aber noch nicht im Rahmen einer Substitutionstherapie ersetzt werden. Sie fehlen dem Organismus daher nach Entfernung der Eierstöcke völlig. Aus diesem Grunde sollte die derzeit gängige Praxis der Mitentfernung der Ovarien bei Frauen jenseits des 50. Lebensjahres neu überdacht werden.

Zunehmend in Frage gestellt wird angesichts neuester Forschungsergebnisse auch das Konzept der Gebärmutter als eines hormoninaktiven Organs. Zwar ist es richtig, daß die Gebärmutter nicht direkt an der Produktion von Östrogenen und Gestagenen beteiligt ist. Nachweislich bildet sie jedoch sogenannte parakrine, hormonähnliche Substanzen wie Prostaglandine, Beta-Endorphine und eine Vielzahl weiterer Stoffklassen, deren Erforschung gerade erst im Gange ist und über deren Funktion für den Gesamtorganismus wir noch sehr wenig wissen. Einige Studien legen die Vermutung nahe, daß die Gebärmutter eine Art Schutzfaktor für Herz und Gefäße bildet. Die erhöhte Rate von Herz-Kreislauf-Erkrankungen bei Frauen nach Totaloperationen könnte dadurch eine Erklärung finden.

Auch wenn gesicherte Erkenntnisse zu diesem komplexen Thema zur Zeit noch spärlich sind, so ist doch soviel heute schon klar: Die Gebärmutter ist eindeutig mehr als lediglich ein mit Schleimhaut ausgekleideter Hohlmuskel, der im Rahmen des hormonellen Geschehens keinerlei Rolle spielt.

Beeinflußt die Gebärmutterentfernung die Sexualität?

Die Frage gehört mit zu denjenigen, die am schwersten zu beantworten sind. Die wissenschaftliche Erforschung von Sexualität nimmt in der Frauenheilkunde nicht gerade einen breiten Raum ein. Wenige Menschen sind bereit, ein so privates Thema wie ihr Geschlechtsleben zum Gegenstand medizinischer Studien machen zu lassen. Diejenigen, die sich freiwillig zur Verfügung stellen, sind dabei vielleicht nicht unbedingt repräsentativ für die Gesamtbevölkerung. Hinzu kommt ein methodisches Problem: Die Konzentration von Hormonen im Blut läßt sich objektiv messen, die Intensität sexuellen Erlebens dagegen ist – glücklicherweise – schwer in Normwerten wiederzugeben.

So verwundert es nicht, daß fundierte Arbeiten zum Thema »Gebärmutterentfernung und Sexualität« selten und in ihren Ergebnissen teilweise widersprüchlich sind. Am ehesten erforscht sind noch die Veränderungen, die sich aus der Beeinflussung des Hormonhaushaltes ergeben.

Eine verminderte Produktion von Östrogenen hat häufig nicht nur ausgeprägte psycho-vegetative Symptome wie Hitzewallungen oder depressive Verstimmungen zur Folge, sie führt auch zu einer verminderten Befeuchtung der Scheide. Durch die Trockenheit ist die Scheidenhaut empfindlicher, reißt beim Geschlechtsverkehr leichter ein, neigt zu Blutungen und Infektionen. Der Verkehr wird als unangenehm und schmerzhaft empfunden und daher häufig ganz abgelehnt.

Zu dieser Trockenheit kann es auch durch den Verlust des Gebärmutterhalses kommen, da dieser ein Sekret absondert, das zusätzlich für die Befeuchtung der Scheide sorgt. Lokal wirkende Östrogene, die vom Arzt verordnet werden müssen, oder hormonfreie Gleitcremes schaffen in diesem Fall zumeist schnelle Abhilfe.

Im vorangegangenen Kapitel wurde berichtet, daß die Eierstöcke auch geringe Mengen an männlichen Geschlechtshormonen (Androgene) bilden. Diese spielen eine nicht unerhebliche Rolle für die Libido, den Geschlechtstrieb. Ihr Abfall im Rahmen einer Mitentfernung der Eierstöcke kann zu einem deutlichen Verlust sexuellen Interesses führen.

Über die Frage, ob die Gebärmutter selbst ein entscheidendes Sexualorgan ist oder nicht, gehen die Meinungen stark auseinander. Manche Forscher postulieren eine Art »uterinen Orgasmus«, rhythmische Muskelkontraktionen des Gebärmutterkörpers während des Höhepunktes. Andere Wissenschaftler verweisen solche Thesen entschieden in das Reich der – sexuellen – Phantasie.

Eine Reihe von Medizinern, wie der bereits erwähnte Professor Semm, sehen in einem Nervengeflecht, das den Gebärmutterhals umgibt, ein entscheidendes »Lustzentrum«, das durch eine Totaloperation unwiderruflich zerstört werde. Sollte sich diese These bestätigen, so wäre dies in der Tat ein nachhaltiges Argument für eine subtotale, zervixerhaltende Hysterektomie (siehe S. 123).

Noch beruhen diese Thesen jedoch mehr auf persönlichen Spekulationen als auf wissenschaftlichen Belegen. Die Auswertung der bisher durchgeführten Umfragen zeigt, daß die Entfernung der Gebärmutter offenbar keinen besonders nachteiligen Effekt auf das Sexualleben hat.

Die bei weitem überwiegende Mehrheit der befragten Frauen sieht nach einer Gebärmutterentfernung keinerlei Veränderungen in ihrem Sexualleben. Zwischen 3 und 20 % – je nach Studie – gaben an, ihr sexuelles Erleben habe sich nach der Operation verschlechtert. Gut 30 % berichteten dagegen über deutlich positive Auswirkungen der Hysterektomie auf ihr Geschlechtsleben.

Die letzte Zahl mag zunächst überraschen. Sie wird jedoch verständlich, wenn man in Betracht zieht, daß die Entfernung der Gebärmutter auch bedeutet

- nicht mehr zur Unzeit von plötzlich einsetzenden Blutungen überrascht zu werden,
- sich keine Sorgen mehr um unerwünschte Schwangerschaften machen zu müssen,
- eventuelle Schmerzen, die mit der Periodenblutung einhergehen, auf immer los zu sein.

Die Entfernung der Gebärmutter kann also – vor allem dann, wenn sie richtig indiziert war – durchaus zu einer Verbesserung des Sexuallebens führen.

Allerdings ist es den rund 10 % von Frauen, die nach einer Hysterektomie über eine Verschlechterung ihres sexuellen Erlebens klagen, wohl nur ein geringer Trost, wenn man ihnen mitteilt, statistisch gesehen seien sie eine Minderheit, da 30% aller Frauen nach der gleichen Operation sogar mehr Spaß am Sex hätten.

Es bleibt weiterhin eine vorrangige Aufgabe der Medizin, nach Möglichkeiten und Alternativen zu suchen, Gebärmutteroperationen so zu gestalten, daß sie für die betroffenen Frauen möglichst wenig belastend sind. Das Bemühen, einer Krebserkrankung vorzubeugen, kann nicht das einzige Kriterium bei der Konzeption einer Unterleibsoperation sein. Es geht auch um den Erhalt von Lebensqualität – und die beinhaltet nun einmal eine ungestörte Sexualität.

Gibt es ein »Post-Hysterektomie-Syndrom«?

Wie bei jeder Operation, so können auch nach einer Hysterektomie Komplikationen auftreten. Thrombosen, Nachblutungen und Infektionen gehören zu den allgemeinen Gefahren, die mit einem operativen Eingriff verbunden sind. Sie sind jedoch durch entsprechende vorbeugende Maßnahmen selten geworden.

Spezifische Komplikationen im Zusammenhang mit einer Gebärmutteroperation betreffen hauptsächlich Verletzungen von Nachbarorganen wie Darm, Blase und Harnleiter. Sehr selten können hieraus Fisteln entstehen, d.h. es bilden sich Verbindungsgänge zwischen diesen Organen und der Scheide, die dazu führen, daß permanent Urin oder Stuhl in die Scheide gelangt. Solche Fisteln sind äußerst unangenehm und oft schwierig zu behandeln.

Etwas häufiger treten postoperativ, also nach der Operation, vorübergehende Störungen der Blasenfunktion auf. Diese manifestieren sich entweder in der Schwierigkeit, die Blase vollständig zu entleeren (Harnverhalt), oder in der Unfähigkeit, den Urin einzuhalten (Inkontinenz). Beide Probleme sind zumeist nach wenigen Wochen behoben, wenn die Blase sich auf die neuen anatomischen Verhältnisse im Bauchraum eingestellt hat.

Abgesehen von diesen direkt nach der Operation auftretenden Komplikationen wird von einigen psychologisch und psychosomatisch orientierten Ärzten immer wieder ein Krankheitsbild beschrieben, das sich häufig erst mehrere Jahre nach einer Gebärmutterentfernung manifestieren soll. Es handelt sich hierbei um einen etwas unklar definierten Symptomen-Komplex (= Syndrom), der geprägt ist durch depressive Verstimmungen, Antriebsarmut, Verlust des sexuellen Interesses und unspezifische körperliche Beschwerden. Da diese Symptome offensichtlich besonders häufig Frauen nach einer Gebärmutterentfernung betreffen, prägte man hierfür den Begriff »Post-Hysterektomie-Syndrom«.

Das Krankheitsbild ist – wie gesagt – unklar definiert. In medizinischen Lehrbüchern wird man es vergeblich suchen, eine nennenswerte wissenschaftliche Diskussion zu diesem Thema findet nicht statt. Dennoch geistert das »Post-Hysterektomie-Syndrom« immer wieder durch die Laienpresse und führt zu einer nicht unerheblichen Verunsicherung unter den Patientinnen. Grund genug also, sich mit dem Phänomen im Rahmen dieses Ratgebers auseinanderzusetzen.

Viele der Symptome, die unter dem Begriff »Post-Hysterektomie-Syndrom« zusammengefaßt werden, sind wahrscheinlich nichts weiter als klimakterische Beschwerden, also Hormonmangelerscheinigungen, von denen man weiß, daß sie zu ausgeprägten depressiven Verstimmungen führen können. Durch eine Gebärmutterentfernung treten klimakterische Beschwerden teilweise früher bzw. verstärkt auf – wir haben in dem entsprechenden Kapitel darauf hingewiesen.

Dabei ist aber auch deutlich gemacht worden, daß solche Hormonmangelerscheinungen gut zu therapieren sind. Die Erstellung eines Hormonstatus und gegebenenfalls die Einleitung einer Substitutionstherapie sollte also an erster Stelle stehen, bevor eine Patientin mit dem Etikett des »Post-Hysterektomie-Syndroms« versehen wird.

Im übrigen muß man einer Patientin natürlich auch zugestehen, daß sie den endgültigen Verlust eines Organs, das ihren bisherigen Lebensrhythmus derart bestimmt hat wie die Gebärmutter, auch in einem gewissen Maße »betrauert«. Selbst wenn die Operation gut überlegt, die Familienplanung schon lange abgeschlossen war und die Hysterektomie objektiv gesehen eine Erleichterung darstellt, so bedeutet die Entfernung der Gebärmutter doch immer einen – im wahrsten Sinne des Wortes – tiefen Einschnitt ins Leben.

Der unwiederbringliche Verlust der Gebärfähigkeit heißt auch, daß ein bestimmtes Kapitel der eigenen Biographie abgeschlossen ist. Darüber hinaus konfrontiert die Hysterektomie – mehr als andere Operationen – die betroffene Patientin mit Themen wie Krankheit, Alter und Tod. Ein gewisses Maß an »Trauerarbeit« gehört wahrscheinlich zum festen Bestandteil bei der Bewältigung einer Gebärmutterentfernung.

Woher kommen Depressionen nach einer Hysterektomie?

Was hat es nun aber mit jenen Frauen auf sich, die noch Jahre nach einer Gebärmutterentfernung über ausgeprägte Depressionen klagen und deren Symptome nachweislich nicht auf einem Hormonmangel beruhen? Sind sie tatsächlich Opfer einer »seelischen Spätkomplikation« der Hysterektomie?

Meines Erachtens sind sie eher Opfer einer falschen Indikationsstellung. Wir haben im Rahmen dieses Buches mehrfach erwähnt, wie viele Hysterektomien auf Grund sogenannter »weicher Indikationen« vorgenommen werden, also bei Beschwerden, die auch mit einem weniger drastischen Eingriff behandelbar gewesen wären. Darunter findet sich auch eine relativ hohe Rate völlig unspezifischer Krankheitsbilder, wie z.B. die Angabe »unklare Unterbauchbeschwerden«.

Nun ist aus der psychosomatischen Medizin seit langem bekannt, daß sich seelische Leiden häufig in körperlichen Symptomen manifestieren. Welches Organ oder Organsystem davon betroffen wird, ist individuell höchst unterschiedlich. Der eine entwickelt einen Spannungskopfschmerz, ein anderer Herzrhythmusstörungen, ein dritter reagiert mit Magengeschwüren. Manche Frauen neigen dazu, ihre Gebärmutter zum »Kummerorgan« zu machen. Schmerzen oder Blutungsstörungen sind dann vor allem Ausdruck eines schwerwiegenden psychischen Konfliktes.

Seelische Probleme aber lassen sich mit dem Skalpell nicht lösen. Wird im Rahmen der ärztlichen Konsultation der zugrundeliegende Konflikt nicht erkannt und zur Beseitigung der Beschwerden eine Gebärmutterentfernung angeraten, so ist das »Post-Hysterektomie-Syndrom« bereits vorprogrammiert.

Dies ist offensichtlich nicht selten der Fall, wie mehrere Studien belegen. Danach werden Patientinnen, die an Depressionen oder neurotischen Störungen leiden, doppelt so häufig hysterektomiert wie seelisch gesunde Frauen.

Nach der Operation bleiben die seelischen Leiden natürlich bestehen, es erfolgt allenfalls eine Verschiebung der psychosomatischen Beschwerden auf ein anderes Organ. Hinzu kommt die Enttäuschung über eine erfolglose Operation und die Trauer über den unnötigen Verlust der Gebärmutter. Beides verschlimmert die depressive Stimmung und führt schließlich zu jenem Krankheitsbild, für das sich der Begriff »Post-Hysterektomie-Syndrom« eingebürgert hat.

Um es abschließend noch einmal auf den Punkt zu bringen:

Gebärmutterentfernungen verursachen keine seelischen Leiden – sie beseitigen sie natürlich aber auch nicht. Dort jedoch, wo sie ohne wichtigen Grund durchgeführt werden, können sie eine psychische Problematik deutlich verschlimmern.

Die Tatsache, daß der operierende Gynäkologe solche Spätfolgen zumeist gar nicht mitbekommt, da für ihn der Fall nach wenigen Wochen mit einer komplikationslosen Wundheilung abgeschlossen ist, steht auf einem anderen Blatt. Sie entbindet ihn nicht der Verantwortung, in die Entscheidung für oder gegen eine Gebärmutterentfernung auch die psychische Situation der Patientin mit einzubeziehen.

Das Ende der Totaloperation?

Ein »Ende der Totaloperation« ist bereits mehrfach gefordert bzw. verkündet worden – allerdings nur dem Namen nach. Einer verbreiteten Ansicht zufolge ist nämlich das schlimmste an der Totaloperation der Begriff selber. Er suggeriere einen weit größeren Eingriff, als ihn die vollständige Entfernung der Gebärmutter in Wirklichkeit darstelle, und sei damit »psychologisch traumatisierend«. Seit langem schon gibt es daher Bestrebungen, auf die Bezeichnung »Totaloperation« ganz zu verzichten bzw. sie durch einen anderen, weniger furchteinflößenden Begriff zu ersetzen.

Solche Ansätze sind aus der Politik wohlbekannt. Läßt sich für ein Problem keine Lösung finden, so wird es einfach umbenannt. Mit einem freundlicheren Namen versehen, stellt sich der ganze Sachverhalt nur noch halb so schlimm dar. Nur wird aus einer Giftmülldeponie nicht dadurch ein schöneres Fleckchen Erde, daß man sie zu einem »Entsorgungspark« erklärt, und für einen Arbeitslosen ist sein Schicksal nicht unbedingt leichter zu ertragen, wenn sein Chef ihn nicht mehr entläßt, sondern lediglich »von der Arbeit freistellt«.

So sollte auch für das Problem der Totaloperation die Lösung im praktischen und nicht im sprachlichen Bereich gefunden werden. Daß dies möglich ist, haben wir im Rahmen dieses Buches an einer Fülle von Beispielen deutlich gemacht.

Die derzeitige Zahl von mehr als jährlich 150 000 Totaloperationen in Deutschland ließe sich – vorsichtig geschätzt – um mindestens die Hälfte reduzieren, wenn die Anzeige zur Operation strenger gestellt und minimalinvasive, organerhaltende Methoden konsequenter genutzt würden.

Es ist dabei in keinster Weise Ziel dieses Buches, die Gebärmutterentfernung als Operation zu verteufeln. Tausende von Frauen, die diesen Eingriff hinter sich gebracht haben, sind mit dem Ergebnis zufrieden und fühlen sich erleichtert, da sie von ihren Beschwerden befreit sind.

Völlig unsinnig wäre es auch, diesen Frauen im nachhinein einzureden, sie seien »amputiert«, »verstümmelt« oder sonstwie in ihrer körperlichen Integrität beeinträchtigt worden. Eine Frau ist nicht deshalb weniger Frau, weil ihr die Gebärmutter entfernt worden ist!

Dennoch ist die Zeit reif für ein Umdenken. Die derzeit noch immer gängige Praxis, wonach – egal, welche Erkrankung der Gebärmutter vorliegt – die Lösung immer in der Entfernung des gesamten Organs besteht, ist nicht länger aufrechtzuerhalten. Zahnärzte, die ihren Patienten bei Zahnschmerzen, Karies oder Parodontose nichts weiter anzubieten hätten, als immer gleich den ganzen Zahn zu ziehen, würden wohl auch zu Recht als rückständig betrachtet.

Entsprechend muß auch die Frauenheilkunde in der Betrachtung und Behandlung von Gebärmuttererkrankungen differenzierter werden. Die wissenschaftliche Grundlagenforschung der letzten Jahre hat eine überwältigende Fülle von neuen Erkenntnissen erbracht, die die überaus komplexen hormonellen und immunologischen Aufgaben belegen, für die das weibliche Genitale verantwortlich ist. Es ist Zeit, diese Erkenntnisse auch in der klinischen Praxis zu berücksichtigen.

Konkret heißt das, bei Operationen an der Gebärmutter insgesamt größere Zurückhaltung zu üben und dort, wo sie unumgänglich sind, den Eingriff so klein wie möglich zu halten. Die Totaloperation wird auch weiterhin ihren Platz in der Therapie von Gebärmuttererkrankungen haben, allerdings als eine von vielen Alternativen, nicht als die einzig mögliche Standardoperation.

Die Frauenärzte werden sich darauf einstellen müssen, daß Erkrankungen der Gebärmutter eine zunehmend differenzierte Betrachtungsweise erfordern, die eine ebenso differenzierte Therapie nach sich ziehen sollte. Und nicht zuletzt werden sie erkennen, daß sie es auch mit zunehmend differenzierten Patientinnen zu tun haben, die als »kritische Kundinnen im Gesundheitswesen« für die effiziente Behandlung ihrer Beschwerden die am wenigsten belastende Therapie einfordern.

Die Zukunft der Gynäkologie gehört daher nicht länger den »Messerhelden«, die alles und jedes unter den widrigsten Umständen operieren. Sie gehört den Vertretern einer minimalinvasiven Therapie, die diesen Begriff nicht nur als eine Technik, sondern als eine Philosophie verstehen. Nach dieser Philosophie gehört die Gebärmutter nicht zu den Organen, die leichtfertig entfernt werden sollten.

Adressen, die weiterhelfen

In dem vorliegenden Ratgeber wird eine Reihe von neuen und minimalinvasiven Verfahren beschrieben, die durchaus noch nicht von allen gynäkologischen Abteilungen durchgeführt werden. Eine Anschriftenliste derjenigen Krankenhäuser zu veröffentlichen, die diese Methoden bereits anwenden, ist unter anderem auch deshalb kaum möglich, weil sich diese Liste ständig ändert. Im Zweifelsfall ist es sicherlich sinnvoll, zunächst einmal das nächstliegende Krankenhaus anzurufen und gezielt nachzufragen, ob die gewünschte Methode dort angewendet wird.

Weitere Auskünfte – speziell zu minimal invasiven Operationsmethoden – erteilt:

EURO-GYN
Zentrum für weibliche Gesundheit
Europaallee 1
90763 Fürth
Telefon: 09 11/9 71 46 23
Telefax: 09 11/9 71 46 22

Arbeitsgemeinschaft Gynäkologische Endoskopie (AGE)
Sekretariat Prof. Dr. Schmidt
Frauenklinik der
Evang. Diakonissenanstalt
Gröpelinger Heerstr. 406/408
28239 Bremen
Telefon: 04 21/61 02-12 01

Allgemeine Beratungen zu Gesundheits- und Sexualfragen bietet

Pro Familia e.V.
Beratungsstellen finden sich in nahezu jeder größeren Stadt und sind über die Bundeszentrale zu erfragen.

Pro Familia e.V.
Auf der Körnerwiese 5
60322 Frankfurt/Main
Telefon: 0 69/59 92 86

Über Selbsthilfegruppen informiert die

Kontakt- und Informationsstelle für Selbsthilfegruppen
KISS
Gausstraße 21
22765 Hamburg
Telefon: 0 40/39 57 67

Leseempfehlungen

Beckenboden/Harninkontinenz

Beckenbodentraining. Die weibliche Basis erspüren, schützen und kräftigen. Susanne Kitchenham-Pec, Annette Bopp. TRIAS, Stuttgart 1997

Beckenbodentraining Video. Susanne Kitchenham-Pec, Annette Bopp. TRIAS, Stuttgart 1995

Beckenboden und Sexualität. Wirkungsweise und Kräftigung der Muskulatur. Helle Gotved. TRIAS, Stuttgart 1991

Harninkontinenz ist überwindbar. Übungen für den Beckenboden. Helle Gotved. TRIAS, Stuttgart 1991

Gebärmutter

Hysterektomie. Was Frauen über eine Gebärmutterentfernung wissen sollten. Winnifred B. Cutler, Margaret Minker. dtv, München 1997

Gebärmutter – das überflüssige Organ? Barbara Ehret-Wagener, Irene Stratenwerth, Karin Richter. rororo, Reinbek 1994

Frauen/Wechseljahre

Gynäkologie für Frauen. Der weibliche Körper in seinen natürlichen Abläufen. Veränderung in den Lebensphasen. Krankheitssignale. Einflüsse auf Aussehen und Wohlbefinden. Rainer Gros. TRIAS, Stuttgart 1996

Wechseljahre – Chance oder Problem? Die körperlichen und seelischen Veränderungen. Was man gegen Beschwerden tun kann. Männer und Wechseljahre. Die Chance zur Neuorientierung. Jutta Walter. TRIAS, Stuttgart 1992

Brust

Erkrankungen der weiblichen Brust. Vorsorge. Gutartige Erkrankungen. Krebs. Nachsorge. Volker Barth. TRIAS, Stuttgart 1991

Silikonimplantate. Nutzen, Komplikationen und Alternativen. Rainer Gros. TRIAS, Stuttgart 1996

Krebs

Ganzheitliche Krebsbehandlung. Konventionelle, biologische, ergänzende und unterstützende Verfahren. Möglichkeiten zur Selbsthilfe. Die Behandlung der verschiedenen Krebskrankheiten. Dietrich Beyersdorff. TRIAS, Stuttgart 1997

Der Krebskranke und seine Familie. Einander verstehen – einander helfen. Wege aus der Angst. Psychische Hilfe für Patienten, Familienangehörige und Freunde. Elke Freudenberg. TRIAS, Stuttgart 1990

Medizinische Fachwörter kurz erklärt

Abort
Fehlgeburt

Abrasio
Ausschabung

Abszeß
eitergefüllte Körperhöhle

Adnexe
Gebärmutteranhänge (Eileiter und Eierstock)

Adnexitis
Entzündung von Eileiter und Eierstock

Amenorrhoe
fehlende Monatsblutung

Anästhesie
Betäubung

Anämie
Blutarmut

Anamnese
Krankengeschichte

Anatomie
Lehre vom Körperbau

Biopsie
Gewebeprobe

Cavum uteri
Gebärmutterhöhle

Cervix uteri
Gebärmutterhals

Corpus luteum
Gelbkörper

Corpus uteri
Gebärmutterkörper

Descensus
Senkung

Dysmenorrhoe
schmerzhafte Regelblutung

Ektopie
Körperzellen an untypischer Stelle

Endometriose
krankhaftes Vorkommen von Gebärmutterschleimhaut außerhalb der Gebärmutterhöhle

Endometrium
Gebärmutterschleimhaut

Endoskopie
Betrachtung einer Körperhöhle mit einem optischen Instrument (Endoskop)

Epithel
Zellverbände auf äußeren oder innernen Körperoberflächen

Fertilität
Fruchtbarkeit

Fluor
Ausfluß

Follikel
Eibläschen im Eierstock

FSH; follikelstimulierendes Hormon, fördert die Follikelbildung im Eierstock

genital
die Geschlechtsorgane betreffend

Gestagen
Hormon des Gelbkörpers

GnRH; Gonadotropin Releasing Hormon im Hypothalamus gebildetes Hormon, das auf die Hypophyse wirkt

Gonorrhoe
Tripper

Harninkontinenz
Unfähigkeit, den Urin zu halten

Hypermenorrhoe
starke Regelblutung

Hypomenorrhoe
schwache Regelblutung

Hypophyse
Hirnanhangsdrüse

Hypothalamus
Teil des Gehirns, der für die Regulation der organischen Grundbedürfnisse verantwortlich ist: z.B. Atmung, Blutdruck, Stoffwechsel, Wasserhaushalt etc.

Hysterektomie
Gebärmutterentfernung

Hysteroskopie
Gebärmutterspiegelung

Indikation
Grund für eine medizinische Maßnahme

Infertilität
Unfähigkeit, ein Kind bis zur Lebensfähigkeit auszutragen

Introitus
Scheideneingang

Karzinom
Krebsgeschwulst aus Epithelzellen

Klimakterium
Wechseljahre

Klitoris
Kitzler

Kolpitis
Scheidenentzündung

Kolposkopie
Spiegelung des Gebärmuttermundes

Konisation
Entnahme eines kegelförmigen Gewebestückes aus dem Gebärmutterhals

Kontraktion
Zusammenziehen der Muskelfasern

Korpuskarzinom
Gebärmutterkörperkrebs

Kürettage
Ausschabung

Labie
Schamlippe

Laparoskopie
Bauchspiegelung

LH; luteinisierendes Hormon, Gelbkörperreifungshormon; löst den Eisprung aus

Libido
sexuelle Lust

Malignität
Bösartigkeit

Menarche
erste Monatsblutung

Menorrhagie
verlängerte Regelblutung

Menopause
letzte Monatsblutung

Menstruation
Monatsblutung

Metastase
Tochtergeschwulst

Morbus
lateinisch für Krankheit

Myom
Muskelgeschwulst der Gebärmutter

negativ
Nichtbestätigung einer Verdachtsdiagnose

Ödem
Wasseransammlung im Gewebe

Östrogen
weibliches Geschlechtshormon

oligo
griechische Vorsilbe für »wenig«

Oligomenorrhoe
seltene Regelblutung

Orgasmus
Höhepunkt sexueller Erregung

Ovar
Eierstock

Ovulation
Eisprung

Palpation
Tastuntersuchung

Perforation
Durchstoßung

Plastik
wiederherstellende Operation

plastisch
bildend, formend

Plazenta
Nachgeburt, Mutterkuchen

poly
griechische Vorsilbe für »viel«

Polymenorrhoe
häufige Regelblutungen

Polyp
Schleimhautgeschwulst

Portio
der in die Scheide reichende Teil des Gebärmutterhalses

positiv
Bestätigung einer Verdachtsdiagnose

Progesteron
Gelbkörperhormon

Prognose
Vorhersage, zu erwartender Krankheitsverlauf

Prolaktin
milchbildendes Hormon

prophylaktisch
vorbeugend

Punktion
Einstich

Rekonstruktion
Wiederaufbau

rektal
durch den Enddarm (Rektum)

Retroflexio
Abknickung nach hinten

Retroflexio uteri
Abknickung der Gebärmutter nach hinten

Rezidiv
Rückfall, Wiederauftreten einer Erkrankung

Sekret
Flüssigkeit von Körperdrüsen

Septum
Trennwand, Scheidewand

Sonographie
Ultraschalluntersuchung

Spekulum
Scheidenspiegel

Sperma
Samenflüssigkeit des Mannes

Sterilität
Unfruchtbarkeit

Symptom
Krankheitszeichen

Testosteron
männliches Geschlechtshormon

Therapie
Behandlung

Thrombose
Bildung eines Blutungsgerinnsels innerhalb eines Blutgefäßes

Tube
Eileiter

Tumor
Geschwulst (gutartig oder bösartig)

Tumormarker
Eiweißstoffe, deren Konzentration bei bösartigen Tumoren ansteigt

Ureter
Harnleiter

Urethra
Harnröhre

Vagina
Scheide

Vulva
äußeres Geschlechtsorgan der Frau

Zyklus
sich gleichmäßig wiederholender Ablauf

Zyste
mit Flüssigkeit gefüllter Hohlraum

Zystitis
Blasenentzündung

Bildnachweis

Abb. 1: Chard, T.; Grudzinskas, J.G.: The Uterus. Cambridge University Press, Cambridge 1994

Abb. 5: Käser, O.; Friedberg, V.; Ober, K.G.; Thomsen, K.; Zander, J. (Hrsg.): Gynäkologie und Geburtshilfe. Grundlagen, Pathologie, Prophylaxe, Diagnostik, Therapie in 3 Bänden. Band III, Teil 2: Spezielle Gynäkologie 2. Georg Thieme Verlag, Stuttgart 1988

Abb. 6: Kitchenham-Pec, S.; Bopp, A.: Beckenbodentraining. TRIAS, Stuttgart 1996

Abb. 18: Firma Zeneca, Plankstadt

Abb. S. 129: Firma Wolf, Knittlingen

Abb. 3, 8, 9, 13, 15, 20, 21, 23: Gros, R.: Gynäkologie für Frauen. TRIAS, Stuttgart 1996

Sachverzeichnis